나를 찾는 화엄경

나를 찾는 화엄경

초판 1쇄 펴냄 2011년 10월 5일
개정 1쇄 펴냄 2016년 8월 5일
개정2판 1쇄 펴냄 2020년 7월 30일

지은이 정엄
펴낸이 김제구
펴낸곳 리즈앤북
인쇄·제본 한영문화사

출판등록 제 2002-000447호
주소 04029 서울시 마포구 잔다리로 77 대창빌딩 402호
전화 02) 332-4037 **팩스** 02) 332-4031
이메일 ries0730@naver.com

ISBN 979-11-90741-00-2 (03220)

나를 찾는 화엄경

정 엄

리즈앤북
ries & book

여러분은 지금 무엇을 구하고 계십니까?

비록 여러분이 구하고 있는 것의 이름은 모두 다를지라도 그 뿌리만은 하나일 것입니다. 우리는 그것을 '행복'이라고 부릅니다. 행복이라는 단어만큼 사람의 가슴을 따뜻하게 하는 말이 또 있을까요? '행복'이야말로 인류가 더 나은 삶을 위해 발전을 거듭할 수 있었던 원동력이며 주춧돌일 것입니다.

'행복'을 추구하는 여러분을 위해 이 책 〈나를 찾는 화엄경〉은 태어났습니다. '행복'의 첫걸음은 나를 아는 것, 내면의 자신과 마주하는 것에서 시작되는 것이니까요. 진정한 나를 알지도 못하면서 어찌 스스로 원하는 것을 알 것이며, 그것을 행복이라 이름하겠습니까? 혹 남들이 말하는 행복을 나의 행복이라고 착각하며 살고 있진 않으신지요? 행복이라는 '틀'에 스스로를 맞추고 있는 것은 아닌지 생각해 보십시오.

필자는 이 책을 통해서 우리가 어떤 세계를 품고 살아야 하며, 복잡하고 다양한 이 사회 속에서 우리의 삶을 어떻게 인식하고 살아가야 할지에 대한 해답을 찾아보려고 합니다. 화엄사상이나 화엄에 관한 여러 장르를 통해 스스로 깨달음의 세계에 발을 내딛는다면, 우리는 대 우주적 삶을 추구하는 환희에 찬 자신과 만날 수 있게 될 것입니다.

사실 『화엄경』과 화엄사상은 소설이나 영화, 그림, 노래, 또한 늘 올리는 예불과 염불, 사찰의 이름과 전각 등 우리의 일상과 함께 하고 있다고 해도 과언이 아닙니다. 그럼에도 불구하고 대부분의 불자들은 『화엄경』을 어렵고 난해한 경전으로만 생각합니다. 아마도 방대한 양에 기가 질려 『화엄경』에 선뜻 손을 내밀지 못해 생겨난 오해일지도 모르겠습니다.

그리하여 필자는 어떻게 하면 『화엄경』과 쉽게 만날 수 있을지 생각했습니다. 우리가 진정으로 마음을 내어 『화엄경』을 배워 간다면, 이 세계에서 어떻게 살아가야 할지에 대한 자각이 저절로 생길 것이기 때문입니다. 그 자각은 또한 자연스럽게 생활 속 실천으로 연결될 것이기 때문입니다.

이제 정체된 관념들은 과감히 벗어던지고 우리 함께 살아 숨 쉬고 있는 불교와의 만남을 시도해 보는 것은 어떨까요? 묻혀 있던 '참 나'를 찾아보지 않으시겠습니까? 깨달음을 향한 첫걸음을 내딛는 바로 이 순간이 '참 나'를 찾는 길임을 명심하십시오.

이 책에서는 늘 우리 곁에 있었으면서도 제대로 인식되지 못했던 『화엄경』에 대해 보다 알기 쉽고 친밀하게 풀이해 보았습니다. 물론 '화엄의 세계'를 단번에 이해하기는 힘들지도 모릅니다. 그러나 길을 잘 인도해 줄 안내자를 만난다면 초행길도 쉽고 안전하게 갈 수 있듯이, 조심스레 이 책에게 안내자의 역

할을 맡겨 볼까 합니다. 『화엄경』을 어렵게만 느끼고 가까이하
지 못했던 분들께 이 책이 친절한 길잡이가 되길 간절히 바랍
니다.

　　나무대방광불화엄경
　　나무대방광불화엄경
　　나무대방광불화엄경

　　　　　　　　　　　　　　　　　　　　　　　　정엄

Ⅰ. 서장

Ⅱ. 지상 1막

제1법회 적멸도량

제2법회 보광명전

III. 천상 1막

제3법회 도리천궁

제4법회 야마천궁

제5법회 도솔천궁

Ⅰ. 서장

본장에서는 『화엄경』의 유래와 의미,

『화엄경』의 종류와 구성에 대해

살펴보도록 하겠습니다.

1. 화엄경의 의미

대승불교의 대표적인 경전으로는 법(法)을 설하는『법화경
(法華經 법을 연꽃에 비유해서 설한 경전)』과 불(佛)을 설하는『화
엄경(華嚴經 부처님을 설한 경전)』이 있습니다.『화엄경』을 '과상
현법문(果上現法門)'이라고도 하는데, 이는 '깨달은 자리에서 진
리를 나타낸 법문'이라는 뜻입니다. 이렇게 깨달음의 세계를 직
접적으로 설하고 있어 어렵다고 말하기도 합니다. 그러나 반대
로 생각하면, '깨달음에 바로 들어갈 수 있다'는 뜻으로 해석할
수도 있지 않겠습니까? 다시 말하면, 깨닫기만 하면 너무나 쉬
운 경전이라는 말도 되는 것이지요.

그렇다면 대체 '부처님을 설한 경전'이란 무슨 의미인지, 그
뜻을 한 번 살펴볼까요?

첫 번째로는, 비로자나 부처님의 불가사의한 신력(神力)과 세계
(世界)와 작용(作用)과 공덕(功德) 등을 설한 경이라는 뜻입니다.

두 번째로는, 이렇듯 불가사의한 신력과 세계와 작용과 공덕
을 갖춘 비로자나불이 되는 길(道)을 설한 경이라는 뜻입니다.

사실『화엄경』의 본래 이름은『대방광불화엄경(大方廣佛華嚴

經)』(Mahā-vaiplya-buddha-gaṇḍavyūha-sūtra)이랍니다. '위대한 부처님의 깨달음의 세계를 설한 경전'이라는 뜻이지요. 좀 더 구체적으로 그 이름의 의미를 살펴볼까요?

여기서 '대(大, Mahā)'는 작다(小)의 상대적 개념인 크다(大)가 아니라, 시간과 공간의 개념을 초월한 절대의 대(大)입니다. '방광(方廣, vaiplya)'은 넓다는 뜻으로, 특히 공간적으로 넓다는 뜻이지요. 따라서 '대방광불(大方廣佛)'이란 '한없이 크고 넓은, 시간과 공간을 초월한 절대적인 부처님'을 말합니다. 이때 대방광불은 석가모니께서 태어나시어 출가, 성도, 교화하는 인간적 모습을 얘기하는 것이 아닙니다. 법신 부처님이신 '비로자나불(vairocana)', 즉 광명의 부처님을 가리키는 것이지요.

'화엄(華嚴)'은 '잡화엄식(雜華嚴飾)'의 줄임말로, '갖가지 꽃들로 장식하다'라는 뜻입니다. 인도의 범어로는 'Gaṇḍavyāha(간다뷰하)'라고 하지요. 이쯤에서 한 가지 의문이 듭니다. 왜 진리의 세계를 갖가지 꽃들로 화려하게 장식한 세계로 묘사한 것일까요? 해탈의 세계는 색(色 물질)과 수(受 느낌)와 상(想 인위적인 개념) 등의 개념을 멀리 해야 하는 것이 아닌가요?

그 해답을 위해 『60화엄경』의 「노사나불품(盧舍那佛品)」을 인용해 봅니다.

> 부처님 몸 온 법계에 충만하시어
> 널리 일체 중생들 앞에 나타나셨네
> 모든 교화 대상을 충족시키기 위해
> 부처님 일부러 보리수 아래 자리하셨네

부처님께서는 자기 수행만을 위해 오신 것이 아니라, 온 세계의 중생을 구제하기 위해 오셨습니다. 그것도 중생 각자의 근본마음, 즉 중생들 하나하나의 능력에 맞는 깨달음을 꽃피우도록 보리수 아래에 자리하신 것이지요. 이러한 부처님의 뜻과 능력, 부처님의 방식과 그 결과를 꽃에 비유해 나타낸 것이 '화엄(華嚴)'이라는 말입니다.

우리는 업(業)에 따라 윤회의 고단한 삶을 반복하고 있습니다. 만약 부처님께서 해탈(解脫)과 열반(涅槃)의 길을 보여주시지 않았더라면, 우리는 무명(無明)의 갑갑함 속에서, 혹은 그 갑갑함 자체도 느끼지 못한 채 수동적인 삶을 살아갈 수밖에 없었을 것입니다. 그러나 부처님께서 깨달음을 이루심으로써 우리는 해탈이라는 새로운 세계를 알게 되었습니다.

비로자나 부처님의 빛이 온갖 보배와 꽃들에 골고루 퍼져 찬란한 빛을 내듯이, 부처님의 빛과 같은 가르침을 통하여 우리는 누구나 다 불국토(佛國土), 즉 화엄의 세계를 만들어갈 수 있게 되었습니다. 차별과 대립의 유한한 인식을 떠난 무한한 부처님의 세계, 즉 깨달음의 세계가 바로 『화엄경』의 세계인 것입니다.

2. 화엄경의 종류와 한국 전래

1) 화엄경류

방대한 양의 『화엄경』은 사실 처음부터 하나의 경전으로 만들어진 것은 아니랍니다. 여러 품으로 나누어 읽히던 것이 편집되어 하나의 경전으로 완성된 것이지요. 이미 존재하고 있던 공통적인 대승경전들을 간추리고, 또 몇몇 품은 삽입하여 체계적으로 배열하여 하나의 경전으로 완성시킨 것이라 할 수 있습니다.

이렇게 『60화엄경』과 『80화엄경』으로 번역되기 전부터 이미 중앙아시아를 비롯한 서역 지역을 중심으로 유포되어 읽힌 경전들을 화엄경류(華嚴經類)라고 부릅니다. 인도에서는 몇 개의 화엄경류, 즉『십지경』,『간다뷰하』,『보거다라니』,『금강당경』 등의 경전들이 독립적으로 존재하였으며, 이 경전들이 서로 접촉하면서 교섭이 이루어졌을 것으로 추정하고 있습니다.

이러한 사실로 미루어볼 때『화엄경』이 번역되기 전에 이미 중국에는『화엄경』이 들어올 수 있는 배경이 만들어져 있었다고 하겠습니다. 특히『도사경(兜沙經)』의 번역 시기가 후한 (A.D.25~220)임을 감안하면, 그 역사가 얼마나 깊은지를 짐작할 수 있습니다. 게다가『십지경(十地經)』은 그 중요성이 인정되어 지론학파(地論學派)가 성립되기까지 했답니다.

다음의 표는 화엄경류에 해당되는 경전들이『화엄경』의 어떤 품에 해당되는지를 정리한 것입니다.

화엄경류	번역가(나라)	대본 화엄경
도사경(兜沙經)	지루가식(후한)	「명호품」,「광명각품」
보살본업경(菩薩本業經)	지겸(오)	「명호품」,「광명각품」, 「정행품」,「십주품」
보살십주경(菩薩十住經)	지다밀(동진)	「십주품」
십주단결경(十住斷結經)	축염불(후진)	「십주품」
십지경(十地經)	구마라집·불타야사(후진)	「십지품」

점비일체지덕경 (漸備一切智德經)	축법호(서진)	「십지품」
등목보살경(等目菩薩經)	축법호(서진)	「십정품」
여래흥현경(如來興顯經)	축법호(서진)	「성기품」
도세경(度世經)	축법호(서진)	「이세간품」
여래성기미밀장경 (如來性起微密藏經)	미상(서진)	「명호품」,「성기품」
마라가경(摩羅伽經)	안법현(위)	「입법계품」

2)『화엄경』의 종류

이렇게 일정한 의도와 구성으로 완성된『화엄경』도 번역의 시기와 번역가에 따라 구성과 내용이 조금씩 달라졌고, 부르는 이름도 달라졌습니다. 현재 번역된 기록이 남아 있는『화엄경』 은 네 종류입니다.

①『대방광불화엄경』34品60권

통칭 60『화엄경』이라 불리는『대방광불화엄경』을 최초로 번역한 사람은, 각현(覺賢)이라고 알려져 있는 불타발타라(Buddhabhadra 359~429)입니다.

각현은 인도 야가리성(耶呵利城) 출신으로, 석씨(釋氏)의 성을 이어 대대로 불교를 존중한 집안에서 자랐습니다. 8세에 출가한 각현은 불대선(佛大先)선사로부터 선(禪)을 전수받고, 여러 나라를 다니며 교화하였습니다. 각현이 계빈국(罽賓國)에 당도하였을 때, 마침 계빈국에 온 중국인 구법승 지엄(智儼)을 만나 그의 청으로 중국으로 오게 되었다고 합니다.

각현은 동진(東晉)의 수도 건강(지금의 양주) 도량사(道場寺)에서 418년 3월 10일에『화엄경』번역을 시작하여 420년 6월 10일에 마침내 완성하였습니다. 이때 각현이 번역한『화엄경』을 이해하고 받아 적은 최초의 중국인이 법업(法業『화엄경 旨歸』2권 저술)이라고 합니다.

②『대방광불화엄경』39品 80권

통칭 80『화엄경』이라 불리는『대방광불화엄경』을 최초로 번역한 사람은 당(唐)의 실차난타(śikṣānanda 652~710)입니다.

당의 여제(女帝) 측천무후가 새로운 경전의 보급과 60『화엄경』의 보충을 위해 인도에서 경전을 가져오도록 명하였고, 이때 장안에 범본『화엄경』을 가져와 낙양(洛陽) 동도(東都)의 대편공사(大遍空寺)에서 번역을 시작한 이가 바로 실차난타입니다. 보리류지(菩提流支)와 삼장법사 의정(義淨)이 범본을 읽고, 부례

(復禮)와 현수법장이 번역을 도왔다고 합니다. 『화엄경』의 번역
은 699년 불수기사(佛授記寺)에서 완성되었고, 내용이나 문장의
구성면에서 흠잡을 데 없이 완벽한 경전으로 평가되고 있습니
다.

③『대방광불화엄경』1品 40권

통칭 40『화엄경』이라 불리는 『대방광불화엄경』을 최초로 번
역한 사람은 당(唐)의 반야(般若, Prajñā)삼장입니다. 또한 화엄
종 제4조로 추앙받는 청량국사 징관도 번역에 동참하여 경의
문장을 다듬는 윤문(潤文)의 소임을 맡았다고 전해집니다.

이 경은 795년 남인도 오차국(烏茶國)의 사자왕이 손수 베껴
쓴 『화엄경』을 당의 황제 덕종(德宗)에게 보낸 것으로, 798년 정
원(貞元) 연간에 번역하였다고 하여 정원역(貞元譯) 『화엄경』이
라 부르기도 합니다.

이 경은 「입불가사의해탈경계보현행원품(入不可思議解脫境
界普賢行願品)」(보현행원품) 1품으로 구성되어 있는데, 이는 60
『화엄경』과 80『화엄경』의 「입법계품」, 『장역화엄경』의 「경장엄
품(莖莊嚴品)」이 대폭 증보 개정된 것입니다. 『천수경』에 나와

있는 여래십대발원문이나 108예불참회문의 후렴구, 보현십원가, 그리고 장엄염불의 출전도 바로 이 경전입니다.

④『장역화엄경』45品

『불화엄』이라고도 불리는『장역화엄경』은 9세기 말경 티베트의 지나미트라(Jinamitra) 등이 번역한 것으로 알려져 있습니다. 중국에서는 티베트를 서장, 즉 서역에 있는 나라라 칭하였기 때문에 이 경전을 '장역화엄'이라 부른 것입니다.

이 가운데『화엄경』의 범본(梵本)이 완성된 형태로서 현존하는 것은 60『화엄경』과 80『화엄경』,『장역화엄경』의「십지품」과「입법계품」(또는「경장엄품」)입니다. 이처럼 일찍이 완성된 형태의『화엄경』이 범본으로서 존재했다는 사실은, 당나라 초기 지엄(600~668)이 쓴『공목장(孔目章)』에서 '대자은사화엄범본(大慈恩寺華嚴梵本)의 존재를 확인하고, 그 조사를 행했다'는 기록에서 추측할 수 있습니다.

물론 이 기록이『화엄경』이 최초에 범어로 저술되었다거나 60『화엄경』과 80『화엄경』,『장역화엄경』의 원본이 범어본이란 것을 증명하는 것은 아닙니다. 범어에서 바로 번역된 것은 「십지품」과 「입법계품」뿐이기 때문입니다.

3) 『화엄경』의 한국 전래

우리나라에는 『화엄경』이 언제 어떻게 전해졌을까요?

① 신라시대에 자장(慈藏) 율사가 중국에 유학을 가서 '화엄만게(華嚴萬偈)', 즉 1만 개의 노래로 된 『화엄경』을 가져왔다는 설.

② 565년(진흥왕 26)에 중국 진(陳)의 문제(文帝)가 보낸 1,700여 권의 경론 속에 『화엄경』이 포함되어 있었다는 설.

③ 80『화엄경』의 전래는 799년 범수스님에 의해 징관의 『화엄경소』60권과 함께 들어왔다는 설.

이렇게 『화엄경』의 한국 전래는 기록만 남아 있을 뿐, 이 경들이 어디서 어떤 형식으로 한반도에 들어왔는지 확실한 과정은 알려진 것이 없습니다. 물론 전해진 경전들이 어떻게 보관되었고, 혹은 언제 간행되었는지의 기록도 없습니다.

다만 현재 돌이나 나무에 새겨진 『화엄경』의 경전 가운데 일부만이 기록의 근거로 남아 있습니다. 합천 해인사에는 사간장경(寺刊藏經)에 60『화엄경』이, 고려장경에 60『화엄경』과 80『화엄경』이 판각되어 있습니다. 또한 구례 화엄사 각황전에는 석경 (石經 신라 문무왕 17년인 677년경의 석각으로 추정) 조각이 보관되어 있고, 서울 봉은사 판전에는 청량국사 징관의 「화엄경소」 와 「연의초」 합본이 판각된 목판이 소장되어 있습니다.

3. 화엄경의 구성

80『화엄경』은 3막 9장 39품으로 구성되어 있습니다. 그 무대 배경은 시공을 초월하여 지상에서 천상으로, 다시 지상으로 이루어지는 범우주적 공간이지요. 지상은 적멸도량·보광명전·급고독원 등 세 곳이고, 천상은 도리천궁·야마천궁·도솔천궁·타화자재천궁 등 네 곳입니다. 이처럼 일곱 곳의 장소 가운데 보광명전에서 3회의 설법이 이루어지므로 7처 9회라고 하며, 39품이란 내용적으로 분류된 품의 숫자를 말합니다.

이것을 순서대로 나열해 보면, 적멸도량 6품 – 보광명전 6품 – 도리천궁 6품 – 야마천궁 4품 – 도솔천궁 3품 – 타화자재천궁 1품 – 보광명전 11품 – 보광명전 1품 – 급고독원(기원정사) 1품으로 정리할 수 있습니다.

물론 부처님의 몸은 적멸도량인 보리수 아래 앉으신 채 삼매에 들어 지상과 천상의 세계를 넘나들고 있습니다. 각 품에서는 부처님과 함께 다양한 보살들이 등장하고 있는데, 그들은 부처님을 대신하여 웅장하고 장엄한 모습으로 설법하며 광명의 세계를 펼쳐 보이고 있습니다.

제1회 법회에서는 보현보살이 부처님의 세계를 설하고, 제2회에서는 문수보살이 믿음(信)에 대해 설하고, 제3회에서는 법혜보살이 십주(十住)법문을 설하고, 제4회에서는 공덕림보살이 십행(十行)법문을 설하고, 제5회에서는 금강당보살이 십회향(十回向)법문을 설하고, 제6회에서는 금강장보살이 십지(十地)법문을 설하고, 제7회에서는 등각과 묘각에 해당하는 정각(正覺)의 세계를 설하고, 제8회에서는 보살도를 총괄하고 있습니다. 마지막 제9회에서는 선재동자가 지금까지 설했던 부처님의 세계와 보살도를 재현하고 있습니다.

전체 구성을 도표로 간단히 정리하자면 옆의 표와 같습니다.

표에서 보이는 것처럼 『화엄경』은 뜻과 내용에 따라 오주인과(五周因果)와 사분(四分)으로 분류하기도 합니다.

	모임(會)	장소(處)	품명(品名)	말한이(說主)	오주인과(五周因果)	사분(四分)
지상1막 제1장	제1회	적멸도량	1. 세주묘엄품 2. 여래현상품 3. 보현삼매품 4. 세계성취품 5. 화장세계품 6. 비로자나품	보현보살	소신인과 (所信因果)	신(信)
지상1막 제2장	제2회	보광명전	7. 여래명호품 8. 사성제품 9. 광명각품 10. 보살문명품 11. 정행품 12. 현수품	문수보살		해(解)
천상1막 제1장	제3회	도리천궁	13. 승수미산정품 14. 수미정상게찬품 15. 십주품 16. 범행품 17. 초발심공덕품 18. 명법품	결집인(結集人) 〃 법혜보살 〃 〃 〃	차별인과 (差別因果)	
천상1막 제2장	제4회	야마천궁	19. 승야마천궁품 20. 야마궁중게찬품 21. 십행품 22. 십무진장품	결집인(結集人) 〃 공덕림보살 〃		
천상1막 제3장	제5회	도솔천궁	23. 승도솔천궁품 24. 도솔궁중게찬품 25. 십회향품	결집인(結集人) 〃 금강당보살		
천상1막 제4장	제6회	타화천궁	26. 십지품	금강장보살		
지상2막 제1장	제7회	보광명전	27. 십정품 28. 십통품 29. 십인품 30. 아승지품 31. 여래수량품 32. 제보살주처품 33. 불부사의법품 34. 여래십신상해품 35. 여래수호광명공덕품	보현보살 〃 〃 부처님 심왕보살 〃 연화장보살 보현보살 부처님		
			36. 보현행품 37. 여래출현품	보현보살	평등인과 (平等因果)	
지상2막 제2장	제8회	보광명전	38. 이세간품	보현보살	성행인과 (成行因果)	행(行)
지상2막 제3장	제9회	급고독원	39. 입법계품	선재구법	증입인과 (證入因果)	증(證)

27

먼저 오주인과(五周因果)란, 궁극적인 깨달음을 얻기 위한 과정 속에서 일어나는 원인과 결과의 모습을 인연에 따라 다섯 가지로 나눈 것을 말합니다. 수행을 통해 깨달음을 얻는 과정으로 구분한 것이지요.

① 소신인과(所信因果)

「세주묘엄품」은 화엄경을 설하게 되는 인연을 나타낸 서문이고, 「여래현상품」~「화장세계품」은 비로자나불의 과상(果上 수행한 공덕으로 깨달음을 얻는 지위)의 덕을 말하고, 「비로자나품」에서는 과거의 인행(因行)을 말하여 사람들로 하여금 신심(信心)을 일으키게 하므로 '소신인과(所信因果)'라 합니다.

② 차별인과(差別因果)

「여래명호품」~「제보살주처품」은 50위의 인행(因行)에 차별이 있는 것을 말하고, 「불부사의법품」~「여래수호광명공덕품」에서는 부처님 과상(果上)의 3덕이 수행단계에 따라 다르게 나타나므로 '차별인과(差別因果)'라 합니다.

③ 평등인과(平等因果)

「보현행품」은 보현보살의 원만한 인행(因行)을 말하고, 「여래출현품」에서는 비로자나불의 원만한 과상(果上)을 말하였는데, 원인과 결과가 서로 융통하여 둘이 아닌 것을 보이므로 '평등인과(平等因果)'라 합니다.

④ 수행인과(修行因果)

「이세간품」의 처음에는 2천의 수행법을 말하여 인행을 밝히고, 다음에는 여덟 가지 성불의 큰 작용을 말하여 과위(果位)의 모양을 말하므로 '수행인과(修行因果)'라 합니다.

⑤ 증입인과(證入因果)

「입법계품」의 처음에는 부처님의 자유자재한 작용을 말하여 증득하는 과상을 보이고, 다음에는 선재동자가 선지식을 방문하면서 인행을 닦아 법계에 들어가는 일을 말하므로 '증입인과(證入因果)'라 합니다.

다음으로, 사분(四分)을 구체적으로 살펴봅시다.

① 신(信)-거과권락생신분(擧果勸樂生信分)

궁극의 결과인 부처님의 세계를 보여주고 사람들로 하여금 환희심(歡喜心)과 신심(信心)을 내게 하는 부분.

② 해(解)-수인계과생해분(修因契果生解分)

환희심과 신심을 내어 보살행을 수행하고 부처님이 되려는 마음으로 50단계(십신-십주-십행-십회향-십지)의 인행(因行)을 닦는 부분.

③ 행(行)-탁법진수성행분(託法進修成行分)

수행의 길과 방법을 잘 알아서 그 방법에 의지하여 나아가면, 수행이 모두 원만히 성취됨을 보여주는 부분.

④ 증(證)-의인증입성덕분(依人證入成德分)

선재동자라는 구도자가 깨달음을 이루고, 부처님의 만행만덕(萬行萬德)을 성취하는 모습을 보여주는 부분.

이처럼 오주인과(五周因果)와 사분(四分)을 의식하며 읽어 내려간다면, 막연히 느꼈던 『화엄경』에 대한 인식을 변화시킬 수 있습니다. 그저 방대하고 어려워 쉽게 접근할 수 없었던 『화엄경』은, 어떤 이야기보다도 흥미진진한 한 편의 대서사극으로 탈바꿈할 것이기 때문입니다. 부처님의 가르침을 따라 『화엄경』의 세계를 함께 여행하다 보면, 어느새 여러분도 선재동자와 같은 깨달음에 도달할 수 있을 것입니다.

Ⅱ. 지상 1막

지상 1막에서는

적멸도량(법보리장)과 보광명전의 두 곳에서

설법이 이루어집니다.

적멸도량(寂滅道場)

제1회 설법 장소인 적멸도량에서는
보현보살의 입을 통해 총 여섯 개의 품이 설해지고 있습니다.
이 6품은 모두 믿을 대상으로서의 부처님과 세계의 묘한 공덕,
그리고 훌륭한 인행(因行)을 보여주고 있습니다.

1. 깨달음을 품은 세상 – 세주묘엄품

「세주묘엄품(世主妙嚴品)」은 제목 그대로 '온 세계의 주인이 되는 이들(世主)이 부처님 깨달음의 세계를 오묘하게 장엄(妙嚴)'하였음을 이야기합니다. 여기서 오묘하다는 말은, 깨달음의 세계가 우리의 상식이나 이해의 차원을 뛰어넘는 것이므로 신기하고 미묘하여 환희심을 불러일으킨다는 뜻입니다. 또한 장엄하였다는 말은 부처님의 깨달음에 대한 세주들의 찬탄으로 온갖 불세계가 아름답게 꾸며졌다는 것을 뜻합니다. 이 세주가 바로 수많은 보살, 호법신장, 천왕, 신들인 것이지요.

『화엄경』의 서문이라고 할 수 있는 「세주묘엄품」은, 부처님께서 처음 보리수 아래에서 깨달음을 얻으시고, 이 경을 설하게 된 경위를 밝히는 부분입니다.

그때 부처님께서 이 적멸도량(법보리장) 사자좌에 앉아 온갖 법에서 가장 바른 깨달음을 이루시니, 지혜는 삼세(三世)에 들어가 모두 평등해지고, 몸은 모든 세간에 가득하고, 음성은 시방세계의 말을 따르셨다. 마치 허공이 여러 가지 사물을 포함하고 있으면서도 모든 경계에 차별이 없듯, 또 허공이 온갖 것에 두루 미치어 여러 세계를 평등하게 감싸 안는 듯했다.

몸은 모든 도량에 항상 앉아 보살 대중 가운데 위엄과 빛나심이 혁혁하여 마치 찬란한 햇빛이 세계에 비친 듯하며, 삼세에서 지으신 복덕 바다가 모두 청정하였다. 여러 부처님 나라에 항상 일부러 태어나시며, 그지없는 몸과 원만한 광명이 온 법계에 가득하여 차별 없이 평등하고, 모든 법을 연설하심은 큰 구름이 일어나는 듯하였다.

털끝마다 온갖 세계를 받아들이되 서로 장애가 되지 아니하며, 제각기 한량없는 신통한 힘을 나타내어 모든 중생들을 교화하셨다. 몸이 시방세계에 널리 있으면서도 서로 부딪히지 아니하고, 지혜는 모든 형태에 들어가 법이 비고 고요함을 알았다. 삼세 부처님들이 갖고 있는 신통 변화를 광명 속에서 모두 보게 되고, 온갖 부처님 세계와 부사의계(不思議界 보통의 생각으로는 도저히 헤아릴 수 없는 경지)한 겁에 있는 장엄을 모두 나타나게 하였다.

부처님 깨달음의 순간을 마치 영화의 한 장면처럼 그려낸 이 부분은 부처님의 나타나심을 테마로 하고 있습니다. 그리고 서로 걸림이 없이 융합하는 상입(相入)과 널리 퍼져 있는 편재(遍在)를 이야기합니다. 우리는 허공과 사물 혹은 세계와 티끌을 분리시켜 생각하지만, 부처님 세계 속에서는 모두 하나가 됩니다. 허공과 사물은 서로를 포함하고 있고, 세계는 하나의 털끝에 모아지고 털끝 하나가 세계를 이루기도 하기 때문입니다.

「세주묘엄품(世主妙嚴品)」은 부처님 깨달음의 구체적인 내용보다는 부처님 깨달음의 힘을 이야기하고 있습니다. 부처님의 깨달음이 가지는 능력과 그 능력에 힘입어 보살들과 왕들, 신들이 이룩한 해탈문(解脫門 열반에 들어가는 경지)에 초점을 맞춥니다.

보현보살을 위시한 보살 대중과 집금강신·신중신·족행신·도량신·주성신·주지신·주산신·주림신·주약신·주가신·주하신·주해신·주수신·주화신·주풍신·주공신·주방신·주야신·주주신·아수라왕·가루라왕·긴나라왕·마후라가왕·야차왕·용왕·구반다왕·건달바왕·월천자·일천자·삼십삼천왕·야마천왕·도솔천왕·화락천왕·타화자재천왕·대범천왕·광음천왕·변정천왕·광과천왕·대자재천왕 등 총 41중이 권속들과 함께 부처님 회상에 구름처럼 모여 왔습니다.

이들은 단순히 부처님의 제자나 수호신으로서가 아니라, 부처님의 가르침을 체득하기 위해 모인 것입니다. 그래서 이들은 부처님의 세계와 법의 기쁨 등을 무수한 시로 표현하며, 부처님을 찬탄하는 노래를 부르고 있습니다.

중요한 것은 모인 대중 각자가 자신의 선근을 부지런히 닦아 그 많은 보살들과 왕들, 신들의 수만큼 많은 해탈문을 보여준다는 사실입니다. 여래 공덕의 바다에 들어감으로써 법보리도량에 모인 대중들은 각각의 해탈문을 얻게 됩니다.

묘한 불꽃 바다 대자재(妙焰海大自在) 천왕은 법계와 허공계에 고요한 방편의 힘인 해탈문을 얻었고, 자재한 이름 빛(自在名稱光) 천왕은 온갖 법을 두루 보고 모두 자재하는 해탈문을 얻었고, 깨끗한 공덕 눈(淸淨功德眼) 천왕은 온갖 법이 나지도 않고 멸하지도 않고 오지도 않고 가지도 않고 작용이 없는 행인 해탈문을 얻었고…… 지국 건달바왕(持國乾闥婆王)은 자재한 방편으로 모든 중생을 거두어 주는 해탈문을 얻었고, 나무 광명(樹光) 건달바왕은 온갖 공덕장엄을 널리 보는 해탈문을 얻었고…… 넓은 광명 불꽃 갈무리하는 불 다스리는 신(普光焰藏主火神)은 온갖 세간의 어둠을 모두 없애는 해탈문을 얻었고, 큰 광명 널리 비친(大光遍照) 불 다스리는 신은 흔들리지 않는 복력과 큰 자비의 광인 해탈문을 얻었고…… 보현보살마하살은 헤아릴 수 없는 해탈문의 방편 바다에 들어 여래의 공덕 바다에 들어갔으니, 한 해탈문의 이름은 온갖 부처님의 국토를 깨끗하게 장엄하고 중생들을 조복하여 끝까지 벗어나게 함(嚴淨一切國土調伏衆生令究竟出離)이요, 한 해탈문의 이름은 모든 여래의 처소에 나아가 공덕을 구족한 경계를 닦음(普詣一切如來所修具足功德境界)이요……

물론 부처님께서 우리에게 수많은 해탈문을 다 성취해야 한다고 말씀하시는 것은 아닙니다. 부처님께서는 우리에게 아주 어려운 것을 바라지 않습니다. 그저 각자의 능력에 맞게 지속적으로 정진하기를 원하십니다.

「세주묘엄품」에서 묘사하는 부처님의 깨달음은 그 깨달음 자체가 광대한 힘을 발휘하고 있습니다. 우리가 부처님을 언제나

'빛'의 부처님이라고 일컫는 이유도 여기에 있습니다. 빛을 '실체'라고 증명할 수는 없지만, 어디 하나 두루 미치지 않는 곳이 없기 때문입니다.

2. 부처님 나타나시는 모습 – 여래현상품

「여래현상품(如來現相品)」에서는 『화엄경』이 교설되는 인연을 이야기합니다.

모인 대중들이 마음속으로 40가지 질문을 하는데, 크게는 불(佛)세계와 보살세계에 대한 질문입니다. 부처님께서는 이에 답하기 위해 광명으로 출현하십니다.

『금강경』에는 다음과 같은 구절이 있습니다.

형태에 의해서 나를 보고
소리에 의해서 나를 찾는 자는
잘못된 노력에 빠져 있나니
마침내 부처를 볼 수 없으리라

여기서 지칭하고 있는 '형태'와 '소리'란 실체를 가진 것들을 말합니다. 연기와 인연의 흐름이 아니라, 나의 외부에 존재해 있는 무엇으로 고정시켜 보거나 듣는 것을 가리키는 것이지요. 우리가 어떤 것을 변함없이 존재하는 무엇으로 보게 되면, 우리는 결코 부처님을 만날 수 없습니다. 우리가 집착을 버려야 하는 까닭도 여기에 있습니다.

살아가면서 어떤 인연을 통하여 깨달음에 이르게 될지는 알수 없습니다. 그러나 발심(發心 불도의 깨달음을 얻고 중생을 제도하려는 마음을 일으키는 일)하게 되면, 우리 주위의 모든 것들이 깨달음의 가능성으로 가득 차 있음을 알게 될 것입니다. 삶에서 마주치는 모든 것들이 깨달음에 이르도록 하는 가능성이기에 부처님은 모든 세상에, 모든 인연에 두루 계십니다.

「여래현상품」에서 보살들은 부처님의 위신력(威神力 부처님께서 가지고 계신 힘, 곧 불력)을 받아 이렇게 노래합니다.

부처님 몸 온 법계에 가득하시니
간 데마다 중생 앞에 나타나시네
인연 따라 어디든 나아가지만

언제나 보리좌(菩提座)에 앉아 계시네

부처님의 털끝 하나하나
온 티끌 세계에 티끌 수만큼의 부처 계시네
보살 대중들이 빙 둘러 있을 때
보현보살 뛰어난 행을 연설하시네

부처님 보리좌에 앉아 계시면서
한 털끝에 많은 세계 보이시네
낱낱 털끝에 나타남도 또한 그러하니
이렇게 온 법계에 두루 하시네

　부처님께서는 어떤 움직임도 없이, 어느 면에서 봐도 동일한 사물처럼 원만하게 계십니다. 그리하여 우리는 어떤 인연을 통해서 부처님을 보더라도 동일한 부처님의 모습을 볼 수 있는 것입니다. 시인의 눈이 만개한 꽃 속에서 우주의 펼침을 보고, 스러져 가는 꽃잎에서 우주의 접힘을 바라보듯, 발심한 부처님의 제자는 모든 사물들 속에서 부처님의 출현과 오묘한 작용을 볼 수 있습니다.

3. 삼매, 그 심연의 마음 – 보현삼매품

「보현삼매품(普賢三昧品)」에서는 보현보살이 삼매에 들어 법을 설할 준비가 되었음을 말합니다. 앞의 「여래현상품」과 마찬가지로, 설법에 들어가기 전의 의식을 이야기한 것이라 할 수 있습니다.

보현보살은 설법하기 전에 '일체제불비로자나여래장신(一切諸佛毘盧遮那如來藏身)'이라는 삼매에 들어갑니다. 여기서 삼매는 부처님의 평등한 성품으로 들어가서 온갖 법계의 영상을 보고, 부처님의 힘과 지혜를 간직하여 법계를 온전히 이어나가는 방편으로 제시되고 있습니다.

삼매는 기본적으로 '나'라는 것에 집착하는 '아집(我執)'과 세상을 주관하는 어떤 법칙이 있다는 '법집(法執)'을 떠나야 가능합니다. 12연기에 따르면, 무엇이 '있다'고 생각하는 것은 집착의 산물이고, 집착은 갈애(渴愛)의 산물입니다. 그것은 근본적

삼매(三昧)란?

삼매는 산스크리트 'Samādhi(사마디)'의 음역으로, 마음에서 일어난 표상(nimitta)에 마음을 집중하는 것을 말한다. '표상'이라는 것은 마음이 대상을 대할 때 생겨나는 영상을 말하는 것으로, 삼매는 온 마음을 마음에서 일어난 한 가지 표상에 전념시키는 것을 말한다(『들숨 날숨에 마음 챙기는 공부』 대림 스님 역).

가령 우리가 숨쉬기에 집중한다고 하자. 숨과 코가 부딪치는 지점에서 어떤 현상들이 생겨나는 순간을 느낄 수 있는데, 그 현상에만 집중하여 다른 상념이 생겨나지 않는 상태가 바로 삼매에 든 순간이다. 삼매는 불교 수행에서 반드시 성취하여야 할 중요한 성과에 속하며, 해탈과 성불(成佛)로 가기 위한 주요한 이정표이다.

『화엄경』에서는 다른 어느 경전에서보다 삼매의 의미가 광범위하고 구체적으로 나타나 있다. 이를 통해서 수행과 삼매, 그리고 신통(神通)이 가지는 연관성과 의미를 이해할 수 있게 해준다. 모든 법계가 서로를 생겨나게 하고 서로를 포함하는 장관을 보는 『화엄경』의 대표적인 삼매를 '해인삼매(海印三昧)'라고 일컫는다.

12연기(十二緣起)란?

연기란 모든 현상은 무수한 원인(因)과 조건(緣)이 상호 관계하여 성립되므로 독립적인 것은 하나도 없고, 무엇이든 원인이 없으면 결과(果)도 없다는 설이다. 나아가 일체현상의 생기소멸(生起消滅)의 법칙을 말한다.

연기설의 일반적 형태는 무명(無明)·행(行)·식(識)·명색(名色)·육입(六入)·촉(觸)·수(受)·애(愛)·취(取)·유(有)·생(生)·노사(老死)의 12종이 순차적으로 발생·소멸하는 것을 나타내는데, 이것을 12연기라고 한다.

으로 무명(無明)의 산물이기에 생로병사의 윤회를 피할 수 없다는 뜻이지요.

삼매에 들어간다는 것은, 생겨난 영상(마음의 산물)에 집착하는 것이 아니라 그 영상을 만들어낸 우리 내면의 가장 근본적인 마음, 곧 아뢰야식(阿賴耶識)과 대면한다는 것을 의미합니다. 우리가 보고, 느끼고, 생각하는 것은 모두 아뢰야식에 기인하고 있습니다. 아뢰야식은 차별이 없기 때문에 너와 나의 대립, 나와 대상의 대립, 생각과 현실의 대립을 떠나 존재합니다.

다시 말해서 보현보살이 삼매에 들어 관찰하는 모든 광경은, 모든 사물과 생명이 서로 포함하고(相入) 하나가 되는(相卽), 우리 의식의 심연이라고 할 수 있습니다. 때문에 삼매에 들면, 신족통(神足通 어떤 장소에나 임의로 갈 수 있는 능력), 천안통(天眼通 무엇이든 꿰뚫어볼 수 있는 능력), 천이통(天耳通 모든 소리를 분별해 들을 수 있는 능력), 타심통(他心通 타인의 마음속을 들여다

볼 수 있는 능력), 숙명통(宿命通 전세에 생존했던 상태를 알 수 있는 능력), 누진통(漏盡通 모든 번뇌를 소멸하고 이 세상에 다시 태어나지 않는다는 것을 깨닫는 능력) 같은, 걸림 없는 신통의 능력을 얻게 됩니다.

4. 『화엄경』의 우주관 – 세계성취품

『화엄경』에는 불교의 우주관이 잘 나타나 있습니다. 그러나 우리가 흔히 접하는 단일하고 통일된 하나의 우주관을 제시하는 것은 아닙니다. 「세계성취품(世界成就品)」에서는 우주의 유형을 머무름·형상·체성·장엄·청정방편·부처님 출현·겁(劫)의 머무름·겁의 변천·차별 없는 일 등으로도 설명합니다.

또한 각각의 세계는 모난 것, 둥근 것, 모나지도 둥글지도 않은 것, 물 같이 소용돌이치는 것, 꽃 모양을 한 것, 중생 모양을 한 것 등 아주 다양한 모습을 하고 있다고 말합니다. 이처럼 다양하기 때문에 『화엄경』의 우주관은 때로 서로 모순되는 것처럼 보이기도 하고, 서로 상관없는 것처럼 보이기도 합니다.

「세계성취품」에서 보현보살은 열 종류의 세계해(世界海)를 노래합니다.

한 티끌 속에 있는 수많은 세계해
장소는 달라도 선명한 아름다움
한량없는 세계들이 하나에 들되
제각기 분명하여 섞이지 않네

티끌마다 헤아릴 수 없는 부처님
중생의 마음 따라 앞에 나타나
모든 세계해에 두루 계시니
이와 같은 방편에 차별이 없네

세계해(世界海)란?

세계해란 우주 또는 세계가 바다와 같이 깊고 넓어서 겹겹으로 펼쳐져 끝이 없다는 뜻이다. 세계해의 넓이에 대해 법장의 『탐현기』권3에서는 '번거로울 정도로 많고 겹겹이 쌓여, 깊고 넓어서 그 끝을 알 수 없으므로 해(海)라 한다.'고 설명하고 있다.

낱낱 티끌 가운데 있는 나무들
가지가지 장엄으로 드리우고
시방의 국토들이 함께 나타나니
이처럼 온갖 것에 차별이 없네

티끌마다 티끌처럼 많은 대중들
사람 중에 왕(부처님)을 둘러쌌는데
온갖 것에 뛰어나 세간에 가득하여도
비좁거나 혼잡하지 않네

낱낱 티끌 가운데 한량없는 빛
시방의 모든 세계 두루 비추어
모두 부처님의 보리행을 나타내니
갖가지 세계해가 차별이 없네

낱낱 티끌 가운데 한량없는 몸
변화하여 구름처럼 가득 채우고
부처님의 신통으로 중생을 제도하니

시방의 국토들도 차별이 없네

낱낱 티끌 가운데 온갖 법을 말하니
그 법 청정하여 수레바퀴 돌듯
가지가지 방편과 자재한 법문
온갖 것을 연설함에 차별이 없네

한 티끌 모두 부처 음성으로 말하여
법 그릇으로 중생을 가득 채우고
세계해에 머무르기 그지없는 겁
이와 같은 음성이 다르지 않네

세계해에 한량없는 묘한 장엄이
티끌마다 들어가지 않은 데 없어
이러한 부처님의 신통한 힘은
모두가 업성(業性)으로 일어나는 것

낱낱 티끌 속에 삼세 부처님 계시니

원하는 바에 따라 다 보게 하지만

성품은 오는 것도 가는 것도 아니니

서원의 힘으로 세간에 가득하다네

이와 같은 열 종류의 세계해는 '이미 이루어졌고, 지금 이루어지고, 장차 이루어질 것'이며, 무수한 인연에 따라 성립되는 것이라고 합니다.

5. 『화엄경』의 극락, 연화장세계 – 화장세계품

「화장세계품(華藏世界品)」은 『화엄경』에서 말하는 정토세계인 연화장세계의 구조를 이야기하고 있습니다. 연화장세계는 '화장장엄세계해(華藏莊嚴世界海)'라고 부르기도 한답니다. 이 세계는 비로자나불이 과거에 인행(因行 부처님 되기 이전에 보살행을 닦는 행)을 닦을 적에 엄청난 큰 서원(誓願 중생구제의 다짐)으로 만들어진 것이라고 합니다.

보현보살은 이처럼 청정하고 장엄한 화장장엄세계해를 설명하면서 현재 우주의 모습과 지구의 모습을 생생하게 그려 보이고 있습니다.

맨 밑에는 수없는 바람둘레가 있고, 세계해의 주위에는 큰 철위산(鐵圍山 철위산은 인도인들에게 히말라야산을 의미)이 있고, 그 안에 금강(金剛)으로 된 땅이 있는데, 땅 위에는 수없는 향물 바다가 있고, 그 사이에 향물 강이 흐르며, 그 수없는 향물 바다 가운데는 말할 수 없는 세계종(世界種)이 있고, 한 세계종마다 말할 수 없는 세계가 있다고 합니다.

이는 곧 무궁무진한 세계를 말합니다. 입방체가 폭발하여 우주를 형성하고, 지금도 쉼 없이 그 작용이 일어나고 있다는 자연 과학의 빅뱅설이야말로 화엄의 우주관과 상통하는 내용입니다.

이 지구를 받치고 있는 세계는 바람, 허공입니다. 이 지구는 바람의 공간 사이를 돌고 있는 것이지요. 지구만이 아닙니다. 온 우주가 공간과 공간 사이를 떠돌고 있는 것입니다. 이렇게 허공 속에 온 존재가 있는 것이지요.

현대 이론물리학에는 '통일장 이론'이라는 것이 있습니다. 통일장 이론이란, 자연 속에 존재하는 네 가지 차별적인 힘들을 하나의 일반이론으로 만들어내고자 하는 것입니다. 여기서 말하는 네 가지 힘이란 뉴턴의 만유인력을 설명하는 중력(重力), 전자기 법칙을 설명하는 전자기력(電子氣力), 물질의 붕괴를 설명하는 약력(揚力), 그리고 핵의 구조를 설명하는 강력(强力)입니다.

물론 『화엄경』이 문제에 대한 해답을 제시하고 있다는 말은 아닙니다. 하지만 차별적인 것들이 어떻게 하나로 포괄되며, 하나로 포괄된 것 속에서 어떻게 차별적인 것들이 생겨나는지에 관하여서는 동일한 문제의식을 가지고 있다고 해도 좋을 것입니다.

6. 부처님, 그 빛 – 비로자나품

「비로자나품」에서는 『화엄경』의 교주인 비로자나불의 인행(因行)이었던 대위광태자의 행적을 밝히고 있습니다.

『화엄경』에는 수많은 은유가 등장하는데, 그중에서도 가장 두드러진 것은 역시 '빛'의 은유입니다. 도대체 '빛'의 어떤 속성이 부처님의 화현으로 간주되는 것일까요? 빛의 여러 가지 속성에 대해 잠시 살펴봅시다.

① 두루 비추다(遍照)

어둠을 밝히는 빛은 어디든 통하지 않는 곳이 없으며, 비추지 않는 곳이 없습니다. 이처럼 빛의 가장 큰 특징은 '두루 비추는 것'이라고 할 수 있습니다. 빛은 사물을 차별하지 않으며, 어떤 사물도 빛 없이는 그 형태를 보일 수 없습니다.

우리는 앞서 「세계성취품」과 「화장세계품」을 통해 불교의 우주관을 살펴보았습니다. 그 우주관을 통해 우리가 깨달아야 할 것은, 한없이 무한한 부처님의 세계가 결국은 모든 중생을 향하고 있다는 사실입니다. 따라서 번뇌와 절망, 고독에서 허덕이는 모든 개별적인 존재들은 부처님의 빛 아래서 평안과 고요를 얻을 수 있다는 뜻이기도 하지요.

② 차별을 드러내다

빛은 차별 없이 비추지만, 그 빛을 받은 사물들은 자신의 고유한 모습을 '다른 사물을 향해' 드러냅니다. 빛은 사물 고유의 존재성을 인정하고, 스스로 드러날 수 있도록 도와주는 역할을 하는 것입니다.

③ 사물에 의존하지 않는다

모든 사물은 빛에 의존하지만, 빛은 사물에 의존하지 않는 자족성(自足性)을 가지고 있습니다. 빛은 언제나 사물들을 비추고 있으며, 어둠과 무명은 다만 빛이 없는 잠정적인 사물들의 상태일 뿐입니다. 따라서 언제든 마음을 움직여 빛을 향하게 한다면, 우리는 언제나 그 빛을 바라볼 수 있는 것입니다.

④ 생명력을 갖고 있다

먹이 피라미드의 가장 아래쪽을 차지하는 식물은 모든 생명체에 에너지를 공급하는 원천입니다. 그리고 그 식물의 가장 대표적인 특징은 광합성을 통해 스스로 영양분을 얻는 것이지요. 물론 광합성은 빛이 없다면 불가능한 작용입니다. 이처럼 빛은 지구상의 모든 생명 에너지의 근원이며, 또 우리 삶의 근원인 것입니다.

이렇게 빛의 속성을 알게 되니 슬그머니 의문이 들 수도 있습니다. 자연의 빛이 아무런 노력을 하지 않아도 우리를 비추고,

비로자나 부처님의 빛이 언제나 우리 안에 있는 것이라면, 우리는 아무런 노력을 하지 않아도 되는 것일까요?

이에 대한 대답을 대위광태자의 게송으로 대신할까 합니다.

마치 태양 빛으로 인해
둥근 해를 볼 수 있듯이
나 역시 부처님의 지혜 빛으로
부처님의 행하던 길을 보네

내가 본 수많은 불(佛) 세계
청정한 대광명의 세계
고요하게 증득한 깨달음이
온 법계에 두루 미치네

오는 세상 나 역시 부처님과 같이
모든 세계를 다 깨끗이 하고
부처님의 부사의(不思意)한 위신력으로
위없는 보리행(菩提行)을 닦아 익히리

대위광태자는 태양의 빛으로 인해 우리가 시각을 얻고, 그 눈을 통해 태양의 둥근 모습을 볼 수 있는 것처럼 부처님의 지혜의 빛으로 부처님이 가신 길을 보라고 노래합니다. 이렇게 부처님의 길을 따라 인행(因行)과 수행(修行)을 거듭한 대위광태자는 여러 부처님을 친견 공양하고 법문을 듣습니다. 그리고 장차 부처가 되리라는 수기(受記 부처가 되리라는 약속을 받는 일)를 받고 비로자나부처님이 되었습니다.

우리 역시도 부처님의 지혜를 배웠다면, 그 지혜로 부처님의 길을 따라야 할 것입니다. 부처님을 친견하고(見佛), 경전의 말씀을 듣고(聞經), 부처님을 따라 수행(修行)할 때 성불이 더욱 가까워질 것이기 때문입니다.

보광명전(普光明殿)

제2회의 설법장소는 보광명전입니다.

보광명전이란 온통 광명으로 가득 찬, 빛으로 충만한 세계를

말합니다. 이곳에서는 부처님의 신통력을 입은 문수보살이

여래의 삼업(三業)과 신위법문(神位法門 부처님의

위대한 위치에서의 법문)을 설하고 있습니다.

제2회의 6품에서는 믿음의 실천(信行)을 보이니,

이것이 바로 십신(十信)입니다.

7. 무한한 부처님의 이름 – 여래명호품

「여래명호품(如來名號品)」의 처음에는 제2회의 서론을 말하고, 다음으로 시방세계에 있는 부처님의 열 가지 이름을 말합니다. 물론 이때의 '10'이라는 숫자는 개수가 아니라 완전하고 무한함을 가리킨다고 보아야 할 것입니다.

각 세계마다 왕을 지칭하는 말이 다르듯이 부처님의 이름도 다양합니다. 이는 믿음의 대상인 부처님의 신업(身業)의 경계가 한량없음을 설하는 것이지요. 이를 한자로 '원만상(圓滿相)'이라고 하는데, 부처님 상호가 '원만하시다', '32상 80종호를 갖췄다', 또는 '거룩하시다'라는 표현은 이 경전에 근거한 것입니다.

부처님의 이름에는 실달·만월·사자후·석가모니·신선(神仙)·노사나·구담·대사문·최승(最勝)·능도(能度) 등이 있으며, 그 수는 이 세계에서만 해도 수만 개에 이른다고 합니다. 그런데 이 사바세계에는 선호국(善護國)·난양국(難陽國)·불혜국(佛惠國) 등 무수한 나라가 있고, 이들 세계의 동서남북에도 각각 무수한 세계가 있으니, 그 각각의 세계의 부처님 이름도 셀 수 없을 정도로 많은 것이지요.

그렇다면 어찌하여 나라와 장소가 다르면 부처님의 이름도 다른 것일까요? 「여래명호품」의 마지막은 다음과 같은 말로 끝을 맺고 있습니다.

이것은 모두 부처님이 보살로 계실 때 인연이 있는 이들을 구제하기 위함이다. 온갖 방편(方便 중생을 구제하기 위한 수단), 구업(口業)의 음성, 행업(行業)의 과보(果報), 법문의 권도(權道 임기응변으로 일을 처리하는 방도), 여러 근기(根機)가 원하는 바로서, 모든 중생으로 하여금 부처님의 법을 알게 하기 위해서이다.

부처님께서 아직 수행 중의 보살이었을 때, 중생제도의 인연으로 여러 부류의 사람들을 구제하기 위해 온갖 방편을 사용하셨음을 이야기하고 있습니다.

부처님께서는 중생의 욕망이 끝이 없음을 아시고, 그 욕망의 해결에 초점을 맞추어 갖가지 방법으로 설법을 하셨습니다. 모습 또한 변화시켜 가면서 각각의 중생에 맞게 부처님의 가르침을 알리려고 했기 때문에 부처님의 이름은 하나일 수가 없겠지요.

이렇게 부처님은 각각의 세계마다 계시며 중생들로 하여금 제각기 알아보게 하시니, 우리는 부처님 계신 곳으로 나아갈 수밖에 없는 것입니다.

8. 부처님의 거룩한 네 가지 진리 – 사성제품

「사성제품(四聖諦品)」은 불교의 진리관인 사성제(四聖諦), 즉 고(苦)·집(集)·멸(滅)·도(道)에 대해 이야기하고 있습니다. 사성제란 불교도가 세상을 바라보고 체득해야 하는 세 가지인 무상(無常)·고(苦)·무아(無我)의 삼법인을 네 가지 형태의 진리로 표현한 것으로서, 부처님께서 고통과 고통의 원인, 고통의 멸함과 그 방법을 말씀하신 것입니다.

중생의 욕망은 각자 다르므로 부처님의 가르침 또한 일률적이지 않음을 보이기 위해 「사성제품」에서는 사성제에 수많은 이름이 있다고 말합니다. 이는 「여래명호품」에서 열 가지 이름으로 부처님을 부르는 것과 같은 맥락이라고 할 수 있습니다. 사성제를 일컫는 이름이 제각기 다른 것을 들어서 부처님의 구업(口業)의 경계가 한량없음을 보이는 것이지요.

그럼 이제 사바세계, 밀훈세계, 최승세계, 이구세계, 풍일세계, 섭취세계, 요익세계, 선소세계, 환희세계, 진음세계 등 열 가지 세계에 따라 사성제가 얼마나 다채로운 의미를 보이고 있는지 살펴볼까요?

① 고성제(苦聖諦 괴로움의 진리)

고성제를 사바세계에서는 핍박, 변이(變異), 반연(攀緣), 취(聚), 자(刺), 의근(依根), 허기(虛欺 허망하게 속임), 옹(癰 종기자리), 우부행(愚夫行 바보의 행동)이라고 부릅니다.

이 가운데서 '변이'란 자신이 애착을 가지거나 집착하고 있는 것이 변화되고 파멸되어 가는 것을 말합니다. '의근'이란 고통으로 인해 생기는 모든 악을 말하는데, 여기서 '근'이란 고통을 의미합니다. '옹(종기자리)'이란 악성 종양을 말하는 것으로, 인간은 종양이 생기면 괴로워하므로 고성제가 나타납니다.

63

② 집성제(集聖諦 집착의 진리)

집성제의 다른 이름은 화(火), 능괴(能壞), 수의(受義), 망(網), 염(念), 순중생(順衆生), 전도근(顚倒根)입니다. 어느 것이나 모두 고통의 원인을 나타내는 말들입니다.

이중 '능괴'란 나쁜 생각이나 못된 수작을 꾀하려는 마음을 의미하며, '망'이란 잘못들을 덮고 가리려 하는 마음을 뜻합니다. '전도근'이란 바로 서지 못하게 하는 집착을 말합니다.

③ 멸성제(滅聖諦)

멸성제의 다른 이름은 무장애(無障碍), 이진(離塵), 적정(寂靜), 무상(無常), 불사(不死), 무소유(無所有), 인연단(因緣斷), 멸진실(滅眞實), 자연주(自然住) 등입니다. 모두 깨달음의 경지와 번뇌의 소멸을 나타내는 말들입니다.

이 가운데 '이진'은 모든 것으로부터 떠난 상태를 말하며, '적정'은 몸과 마음이 매우 고요한 상태를 말합니다. 번뇌를 떠나 고(苦)를 멸(滅)한 해탈의 경지라고 할 수 있지요.

④ 도성제(道聖諦)

도성제의 다른 이름은 일승(一乘), 취적정(趣寂靜), 인도(引導), 구극희망(究極希望), 상불리(相不離), 능사담(能捨擔), 성인수행(聖人修行), 선인행(仙人行), 십장(十藏) 등입니다. 이 이름들은 깨달음에 이르는 방법을 나타낸 것입니다.

이중 '능사담'이란 짊어진 짐을 버린다는 의미입니다. '십장'은 '십무진장(十無盡藏)'의 줄임말로, '보살이 가진 열 가지 다함이 없는 저장고'라는 뜻입니다. 믿음과 계(戒)의 저장고, 계를 어겼을 때 참회하고 다시 시작할 수 있게 하는 부끄러움과 염치의 저장고, 좋은 법을 많이 듣고 잘 듣는 들음의 저장고, 보시의 저장고, 지혜와 삼매의 저장고, 그것들을 지속시키는 힘의 저장고, 중생에게 자신의 깨달음을 교화시키는 갖가지 방편의 저장고를 말합니다.

어떤 행복도 시간 속에 사라져 갈 무상(無常)한 것이고, 그 기억조차도 죽음과 함께 사라질 것이기에 우리 삶의 모든 감각과 감정, 사유의 배후에는 고통이 함께하고 있습니다. 바로 이 고통의 악순환을 끊는 과정이 수행이며, 그 결과가 해탈인 것입니다.

고통과 고통을 해결하는 방식은 인연에 따라 다양한 모습으로 나타나므로, 불교에서는 어떤 하나의 길만을 진리라고 규정 짓지 않습니다. 다만 고통과 고통의 원인, 그 고통을 해결할 수 있는 방법을 면밀히 살펴보라고 권할 뿐입니다.

자신과 자신의 고통을 면밀히 살필수록 우리는 진정한 의미의 삶에 대한 통찰을 얻을 수 있습니다. 또한 그렇게 살피는 사람은 언젠가는 스스로 부처님의 길, 일승(一乘)의 길을 걷고 있는 자신을 발견하게 될 것입니다.

9. 변하지 않는 무량한 빛 – 광명각품

「광명각품(光明閣品)」에서는 부처님께서 뿜어내시는 광명의 위력을 이야기합니다. 부처님의 의업(意業)의 경계, 곧 부처님의 마음이 한량없음을 잘 보여주고 있지요.

보광명전에서 문수보살이 부처님 명호와 사성제(四聖諦)의 이름을 설하자, 부처님은 두 발바닥의 법륜 문양(相輪)에서 백억의 광명을 나투시어 두루 삼천대천세계의 일체의 것을 비추어 보이셨다. 그 빛을 통해 보니 각각의 세계에서 부처님이 연화장 사자좌에 앉으시고, 문수보살 등 무수한 보살이 와서 예배를 드리고 있었다. 그리고 일체처(一切處)의 문수보살이 게송으로써 부처님을 찬탄하였다.

문수보살의 게송이 끝나자 부처님의 광명은 더욱 시방의 십불국토(十佛國土)를 두루 비추는데, 거기에 나타나는 일체처의 문수보살 또한 게송으로 부처님을 찬탄합니다. 부처님이 또다시 시방의 백억 세계를 비추어 보이니, 이들 세계에 각각 문수보살이 있어 부처님을 찬탄합니다.

이처럼 부처님의 광명이 한없이 시방으로 널리 퍼져갑니다. 높은 곳에서 부처님께서 발바닥을 통해 광명을 비추니 삼천대천세계에서 그 광명을 받아 비추고, 삼천대천세계에서 다시 삼천대천세계를 향해 광명을 비추는 모습이지요.

이렇듯 빛을 명상하면서 수행하는 것을 '불광관(佛光觀)'이라고 하는데, 많은 화엄행자들이 이「광명각품」을 보고 화엄의 관법수행인 불광관을 수행한 바 있습니다.

10. 문수보살, 진리를 묻다 – 보살문명품

「보살문명품(菩薩問明品)」과 「정행품」은 진리에 대한 물음과 답으로 이루어진 장이랍니다.

인간이 동물과 다른 특징 중의 하나는 모든 현상에 의문을 갖는다는 것이죠. 이런 의문들 덕분에 인간은 지식을 쌓고 진리를 발견하며 발전해 가는 것입니다. 그렇다고 이제 말을 배우는 아이처럼 말꼬리마다 "왜?"라고 묻는 습관적 물음은 발전을 위한 의문이라고 할 수 없습니다. 물음에도 깊이의 차이가 있기 때문입니다. 올바른 물음은 깊은 숙고와 경험 속에서 나오는 절실함을 포함하고 있습니다. 또한 그 물음에 답하는 상대방과 함께 심오한 체험에 다가설 수 있을 때, 우리는 진정한 물음에 대한 답을 얻을 수 있는 것입니다.

「보살문명품」에서 문수보살은 여러 보살들에게 물음을 던지고, 「정행품」에서는 문수보살이 지수보살의 질문에 답하는 광경이 펼쳐집니다. 물론 문수보살이 다른 보살들에 비해 수행의 경험과 지혜가 부족하다거나 우월하기 때문에 질문과 답을 하는 것이 아닙니다. 문수보살은 자신의 깨달음을 보살들과 함께 나

68

누고, 부처님의 진리를 기뻐하기 위해 질문을 던지는 것입니다.

가장 훌륭한 질문은 배우고 가르치는 수단으로써의 질문이 아닙니다. 서로 묻고 대답하며 함께 진리를 나누는 질문, 동시에 모든 것이 이미 성취되었음을 깨닫게 하는 질문이야말로 진정 깊이 있는 질문인 것이죠. 이런 까닭에 우리는「보살문명품」에 제시된 문수보살의 열 가지 질문과 그에 대한 보살들의 답에서 가장 행복한 대화의 모습을 발견할 수 있는 것입니다.

원래『60화엄경』에서는「보살문명품」을「명난품(明難品)」이라고 했는데, 이때의 '난(難)'이란 어려움이라는 의미와 묻는다는 의미가 있습니다. 즉, 문명품의 내용은 믿음을 성취하는 데 방해될 수 있는 의심에 대한 문답임을 알 수 있는 것이죠.

그렇다면 이제 문수보살과 아홉 보살들이 나눈 물음들을 살펴볼까요?

보살들의 열 가지 문답은 열 가지 깊은 법, 즉 '십심심(十甚深)'이라고 불리는 게송으로 전해집니다.

① 각수보살은 모든 현상이 생기 소멸하는 법칙인 연기(緣起)의 심오함을 보입니다. 이때 현상은 무수한 원인과 조건이 서로 관계하여 성립하는 것으로, 인연이 없으면 결과도 없

다고 합니다.

② 재수보살은 불법으로 사람을 가르쳐 착한 마음을 갖게 하는 교화(敎化)의 오묘함을 보입니다.

③ 보수보살은 업과(業果)의 미묘함을 보이며, 이를 통해 중생의 현실을 잘 파악하라고 노래합니다.

④ 덕수보살은 불교의 교의를 풀어 밝히는 설법(說法)의 깊고 깊음을 보입니다.

⑤ 목수보살은 삼보(佛法僧)와 부모를 공양하고 가난한 사람을 불쌍히 여기는 선행의 결과로 복덕이 생긴다는 복전(福田)의 심오함을 보입니다.

⑥ 근수보살은 사교(邪敎)가 아닌 바른 종교인 정교(正敎)의 깊은 이치로 부처님의 교화의 모양을 보입니다.

⑦ 법수보살은 극락에 가기 위해 닦는 행업인 정행(正行)의 심오함을 보입니다.

⑧ 지수보살은 버금가는 이치인 조도(助道)의 미묘함으로 교화의 모양을 보입니다.

⑨ 현수보살은 모든 중생이 부처와 함께 성불한다는 석가모니의 교법인 일승(一乘)의 오묘함을 보입니다.

⑩ 문수보살은 불경계(佛境界)의 깊고 깊음으로 부처님의 궁극적인 깨달음의 불가사의함을 바로 알도록 설하고 있습니다.

11. 보살들, 진리를 나누다 – 정행품

「정행품(淨行品)」의 정행이란 청정한 신심을 가지고 실천에 옮긴다는 의미입니다. 화엄에서 말하는 보살들의 실천사상을 일컫는 것이죠. 출가(出家) 수행자와 재가(在家) 불자들이 지켜야 할 생활규율이 주를 이루고 있는 141가지의 게송 중 일부를 소개하면 다음과 같습니다.

1) 출가해서 계를 받을 때의 마음 쓰는 법
  거룩한 부처님께 귀의하옵나니(歸依佛)
  모든 이들이 불도를 성취하여
  중생구제의 큰 뜻을 이루게 하소서.

거룩한 가르침에 귀의하옵나니(歸依法)

모든 이들이 경율논(經律論)을 다 배워서

큰 지혜를 이루게 하소서.

거룩한 스님들께 귀의하옵나니(歸依僧)

모든 이들이 스님 대중을 받들고 화합하여

큰 자유를 이루게 하소서.

살던 집을 버릴 때

중생은 마땅히 출가하여

걸림이 없고 마음에 해탈 얻기를 원할지어다.

스님이 절에 들어갈 때

중생은 마땅히 어기거나 다툼이 없는

법을 연설하기를 원할지어다.

크고 작은 스승께 나아갈 때

중생은 마땅히 스승을 잘 섬겨서

선법(善法)을 익혀 행하기를 원할지어다.

수염과 머리털을 깎을 때
중생은 마땅히 길이 번뇌를 여의고
마침내 적멸(寂滅)을 성취하기를 원할지어다.

가사(袈裟 스님들의 법복)를 입을 때
중생은 마땅히 마음이 물들지 아니하고
큰 성인의 도를 갖추기를 원할지어다.

바르게 출가할 때
중생은 마땅히 부처님같이 출가하여
온갖 중생을 구호하기를 원할지어다.

2) 보살이 집에 있을 때의 마음 쓰는 법
보살이 집에 있을 때
중생은 마땅히 집의 성품이 공(空)한 줄 알아서
그 핍박을 면하기를 원할지어다.

부모를 효성으로 섬길 때
중생은 마땅히 부처님을 잘 섬겨서
온갖 것을 보호하고 공양하기를 원할지어다.

처자가 모일 때
중생은 마땅히 원수이거나 친하거나 균등히 하여
길이 탐착을 여의기를 원할지어다.

3) 좌선(坐禪)에 나아갈 때의 마음 쓰는 법
몸을 바로하고 단정히 앉을 때
중생은 마땅히 보리좌에 앉아서
마음에 집착이 없기를 원할지어다.

가부좌를 하고 앉을 때
중생은 마땅히 선근이 견고하여
흔들리지 않는 지위를 얻기를 원할지어다.

선정을 닦아 행할 때

중생은 마땅히 선정으로써 마음을 조복하여
마침내 번뇌가 남음이 없기를 원할지어다.

만약 관(觀)을 닦을 때
중생은 마땅히 실상과 같은 이치를 보아
길이 어기거나 다툼이 없기를 원할지어다.

4) 행하고자 할 때의 마음 쓰는 법
발을 내려 머무를 때
중생은 마땅히 마음에 해탈을 얻어서
편안히 머물러 움직이지 않기를 원할지어다.

만약 발을 들 때
중생은 마땅히 생사의 바다를 벗어나
뭇 선법(善法)을 갖추기를 원할지어다.

하의(下衣)를 입을 때
중생은 마땅히 모든 선근(善根)을 입어서

부끄러움을 갖추기를 원할지어다.

만약 상의(上衣)를 입을 때
중생은 마땅히 수승한 선근을 얻어
법의 저 언덕에 이르기를 원할지어다

가사를 걸칠 때
중생은 마땅히 제일위(第一位 깨달음)에 들어가서
움직이지 않는 법 얻기를 원할지어다.

5) 세면장과 화장실에서의 마음 쓰는 법
손으로 칫솔을 잡을 때
중생은 마땅히 모두 묘한 법을 얻어
마침내 청정하기를 원할지어다.

칫솔을 씻을 때
중생은 마땅히 그 마음이 고르고 깨끗이 하여
모든 번뇌 씻어지기를 원할지어다.

대소변을 볼 때

중생은 마땅히 탐·진·치를 버려서

죄법(罪法)을 깨끗이 제거하기를 원할지어다.

몸의 더러운 것을 씻을 때

중생은 마땅히 깨끗하고 부드러워

마침내 때가 없기를 원할지어다.

물로 얼굴을 씻을 때

중생은 마땅히 청정한 법문을 얻어서

영원히 더러움에 물들지 않기를 원할지어다.

6) **걸식할 때의 마음 쓰는 법**

발우(鉢盂 스님들 공양 그릇)를 집어 가질 때

중생은 마땅히 법의 그릇을 성취하여

하늘과 사람의 공양 받기를 원할지어다.

7) **자연을 보았을 때의 마음 쓰는 법**

만약 대중이 모였을 때

 중생은 마땅히 깊고 깊은 법을 설하여

온갖 것이 화합하기를 원할지어다.

만약 큰 절(叢林)을 볼 때

중생은 마땅히 모든 하늘과 사람이 응당 공경하고

예배하는 바가 되기를 원할지어다.

만약 높은 산을 볼 때

중생은 마땅히 선근이 뛰어나서 정상에 이르러도

만족함에 안주하지 않기를 원할지어다.

만약 꽃이 피는 것을 볼 때

중생은 마땅히 신통과 여러 법이

꽃과 같이 피기를 원할지어다.

만약 열매를 볼 때

중생은 마땅히 가장 수승한 법을 얻어서

깨달음을 성취하기를 원할지어다.

만약 큰 강을 볼 때

중생은 마땅히 법의 흐름에 참여하여

부처님의 지혜 바다에 들어가기를 원할지어다.

8) 사람들을 만났을 때의 마음 쓰는 법

기뻐하고 즐거워하는 사람을 볼 때

중생은 마땅히 항상 안락을 얻어서

즐겨 부처님께 공양하기를 원할지어다.

고뇌하는 사람을 볼 때

중생은 마땅히 근본지(根本智)를 얻어서

온갖 고통 소멸하기를 원할지어다.

병든 사람을 볼 때

중생은 마땅히 몸의 고요함을 알아서

어기고 다툼 없이 떠나기를 원할지어다.

만약 스님을 볼 때
중생은 마땅히 순조롭고 부드럽고 고요해서
마침내 최고가 되기를 원할지어다.

9) 마을에서 걸식을 할 때의 마음 쓰는 법
만약 마을을 볼 때
중생은 마땅히 견고한 몸을 얻어서
마음에 당당하기를 원할지어다.

마을에 들어가서 걸식할 때
중생은 마땅히 깊은 법계(法界)에 들어
마음에 장애가 없기를 원할지어다.

남의 문 앞에 이르렀을 때
중생은 마땅히 모든 불법(佛法)의 문에
들어가기를 원할지어다.

만약 빈 발우(鉢盂)를 볼 때

중생은 마땅히 그 마음이 청정하여
텅 비어서 번뇌가 없기를 원할지어다.

만약 가득 찬 발우를 볼 때
중생은 마땅히 선법을 구족하여
가득하기를 원할지어다.

만약 좋은 음식을 얻거든
중생은 마땅히 그 원(願)에 만족하여
마음에 하고자 함이 없기를 원할지어다.

좋지 못한 음식을 얻었을 때
중생은 마땅히 모든 삼매(三昧)의 맛을
다 얻기를 원할지어다.

만약 밥을 먹을 때
중생은 마땅히 선열(禪悅)로써 밥을 삼아서
법의 즐거움(法喜)이 충만하기를 원할지어다.

10) 돌아와서 씻고 목욕할 때의 마음 쓰는 법

몸을 씻을 때

중생은 마땅히 몸과 마음의 때가 없어서

안팎이 빛나고 깨끗하기를 원할지어다.

11) 경을 읽고 예배할 때의 마음 쓰는 법

경을 읽을 때

중생은 마땅히 부처님의 설하신 바를 기억하여

모두 잊어버리지 않기를 원할지어다.

만약 부처님을 볼 때

중생은 마땅히 걸림이 없는 눈을 얻어서

모든 부처님 보기를 원할지어다.

부처님을 자세히 살펴볼 때

중생은 마땅히 보현보살과 같이

단정하고 엄숙하기를 원할지어다.

부처님의 탑을 볼 때
마땅히 중생을 탑과 같이 존중해서
하늘과 사람의 공양 받기를 원할지어다.

탑을 세 바퀴 돌 때
중생은 마땅히 부처님의 도를 부지런히 구해서
마음에 게으르고 쉼이 없기를 원할지어다.

부처님의 공덕을 찬탄할 때
중생은 마땅히 온갖 덕을 다 갖추어서
끝없이 찬탄하기를 원할지어다.

부처님의 상호(相互)를 찬탄할 때
중생은 마땅히 부처의 몸을 성취해서
형상 없는 법 증득하기를 원할지어다.

12) **누워 자고 쉴 때의 마음 쓰는 법**
　　잠자고 쉴 때

중생은 마땅히 몸이 편안함을 얻어서
마음에 움직이고 어지러움이 없기를 원할지어다.

잠자다가 막 깨었을 때
중생은 마땅히 모든 지혜를 깨달아서
시방을 두루 살피기를 원할지어다.

문수보살의 게송은 일상생활과 불법의 가르침, 중생구제라는 세 가지 구조의 반복입니다. 어떤 생각이나 행동을 할 때 그 행동의 근본 의미를 불법과 연관하여 깨닫고, 그 결과를 중생에 회향하여 구제하는 것이 문수보살이 가르치는 게송의 핵심인 것입니다.

현대 불교는 기복적이고 맹목적인 믿음에서 탈피하여 생활 속의 불법을 이어나가려는 노력이 중요시되고 있습니다. 요즘 강조되고 있는 '생활불교'도 그중 하나이지요. 마음만 먹으면 누구나 경전을 읽을 수 있고, 부처님의 가르침을 직접 대면할 수 있습니다. 부처님 가르침에 따라 '스스로를 등불로 삼을(自燈明)' 수 있는 기회는 더욱 확대되고 있는 셈입니다.

그러나 안타깝게도 교육과 정보가 늘어날수록 사람들의 의심은 깊어져, 가르침을 실천하기보다는 듣고 의심하다 끝내 버리는 경우가 많습니다. 그런 의미에서『화엄경』의「정행품」은 현대를 살아가는 진정한 불자들에게 '어떻게 살아야 할 것인가?'에 대한 구체적이고 모범적인 답을 제시해 준다고 할 것입니다.

12. 믿음은 훌륭한 공양 – 현수품

현수품에서는 문수보살의 요청으로 현수보살이 357개의 게송으로 믿음에 대한 공덕(功德)을 찬탄하고 있습니다.

『반야심경』에는 '야뇩다라삼먁삼보리'라는 말이 있습니다. 이는 '위없는 깨달음(無上覺)', '바른 깨달음(正覺)', ' 큰 깨달음(大覺)'이라는 뜻인데, 이 깨달음을 이루신 분이 바로 부처님이십니다.『반야심경』에서는 반야바라밀다에 의지하여 깨달음(正覺)을 이룬다고 하였으며,『화엄경』에서는 믿음을 통하여 반드시 깨달음을 이룰 수 있음을 보여줍니다. 즉, 믿음이야말로 부처님께 올리는 가장 훌륭한 공양이 되는 것입니다.

> 믿음은 도의 으뜸이며 공덕의 어머니여서
> 모든 착한 법을 길러내며
> 의심의 그물 끊고 애착으로부터 벗어나
> 열반의 위없는 도 열어 보이도다

> 믿음은 썩지 않는 공덕의 종자가 되고
> 믿음은 능히 보리수(지혜나무)를 자라게 하며
> 믿음은 가장 뛰어난 지혜를 자라나게 하고
> 믿음은 모든 부처님을 나투시는도다

불교에서는 믿음이 기반이 되어야만 신(信)·해(解)·행(行)·증(證) 수행이 동시에 이루어집니다. 믿지 않고는 알 수 없는 것이고, 안다고 해서 믿음이 가는 것은 아니기 때문입니다. 확실한 믿음을 갖고 부처님의 말씀을 접하여 실행으로 옮겨야만 깨달음에 이를 수 있는 것입니다. 믿음에는 깨끗한 마음으로 믿는 정신(淨信)이 강조됩니다.

믿게 되어 신심이 원만 성취되면 열 가지 삼매의 공덕에 들어 갈 수 있습니다. 현수보살은 한량없는 큰 작용을 들어 열 가지 삼매를 말하며, 고요한 비유로 깊은 뜻을 보여주고 있습니다. 이 열 가지 삼매는 다음과 같습니다.

① 밝고 맑아 바다에 도장을 찍은 것같이 또렷한 원명해인삼매문(圓明海印三昧門)

② 화엄의 오묘한 실천과도 같은 화엄묘행삼매문(華嚴妙行三昧門)

③ 끊임없이 서로 연결되어 온 세상으로 퍼지는 인다라망삼매문(因陀羅網三昧門)

④ 손을 내밀어 널리 공양하는 수출광공삼매문(手出廣供三昧門)

⑤ 모든 법문을 드러내는 현제법문삼매문(現諸法門三昧門)

⑥ 사섭법으로 중생을 제도하는 사섭섭생삼매문(四攝攝生三昧門)

⑦ 마침내 세상의 모든 존재와 하나 되는 궁동세간삼매문(窮同世間三昧門)

⑧ 모공의 광명이 세상을 비추어 주는 모광각조삼매문(毛光

覺照三昧門)

⑨ 주연과 조연이 서로를 빛나게 하는 주반엄려삼매문(主半
嚴麗三昧門)

⑩ 고요함과 움직임에 걸림이 없는 적용무애삼매문(寂用無涯
三昧門)

이 하나하나의 삼매문은 모두 깊고 진실한 수행을 통하여 체
험할 수 있는 세계입니다. 수행 과정에서 한두 번의 삼매 체험

사섭법(四攝法)이란?

보살이 중생을 제도(濟度)할 때에 취하는 네 가지 기본적인 태도를 말하며, 사
섭사(四攝事)라고도 한다.

① 보시섭(布施攝)은 중생이 재물을 구하거나 진리를 구할 때 힘닿는 대로 베
풀어 주어서 중생으로 하여금 친애하는 마음을 가지게 하여 중생을 교화하
는 것이다.

② 애어섭(愛語攝)은 중생을 불교의 진리 속으로 들어오게 하기 위하여 여러
사람들에게 듣기 좋은 말을 하여 친애하는 정을 일으키게 하는 것으로, 보
살은 온화한 얼굴과 부드러운 말로 중생을 대한다.

③ 이행섭(利行攝)은 몸(身業)·말(口業)·생각(意業)으로 중생에게 이익을 주고,
보람된 선행(善行)을 베풀어서 그들로 하여금 도에 들어가게 하는 것이다.

④ 동사섭(同事攝)은 보살이 중생과 일심동체가 되어 고락을 함께 하고, 화복을
같이하면서 그들을 깨우치고 올바른 길로 인도하는 적극적인 실천행이다.

은 대단히 중요한 수행의 고리가 됩니다. 이런 체험을 통하여 더 깊고 큰 삼매를 느낄 수 있고, 그에 대한 확신을 얻을 수 있기 때문입니다.

물론 삼매는 지금 앉아 있다고 해서 바로 얻어지는 것이 아닙니다. 만약 지금 삼매를 체험했다면, 이는 이미 이전부터 수행해 온 힘으로 얻어지는 것이라고 보아야 합니다. 수행에도 이렇듯 인(因)을 지어야 합니다.

마지막으로 문수보살은 법(法 Dharma)의 깊고 얕음과, 믿고 이해하기에 어렵고 쉬운 것을 비교하여 실제로 증득(證得 바른 지혜로 진리를 깨달아 얻음)함을 보이고 제2회 설법을 마칩니다.

Ⅱ. 천상 1막

제2회 모임을 마치고 부처님께서는

지상세계에서 천상세계로 설법 장소를 옮기십니다.

적멸도량 보리수 아래에 육신은 그대로 두시고

삼매 상태에서 정신만 천상세계로 올라가신 것이지요.

부처님께서는 6욕천 중 도리천, 야마천, 도솔천,

타화자재천의 네 곳에서 설법을 하십니다.

불교의 우주관 – 삼천대천세계(三千大千世界)

1) 세계의 기원

세계의 기원은『아함경』가운데『세기경(世記經)』,『기세경(起世經)』,『기세인본경(起世因本經)』에 그 근거를 두고 있습니다.

모든 중생들의 업력(業力)에 의해 허공에 바람이 일어 풍륜(風輪)이 생기게 됩니다. 다시 중생들의 업력에 의해 풍륜 위에 구름이 일어나 수륜(水輪)이 생기고, 또다시 중생들의 업력에 의해 금륜(金輪)이 생깁니다. 금륜 위에 산(山)이 솟아 하나의 세계가 형성되는데, 이를 '기세간(器世間)'이라 합니다. 여기까지 1소겁(小劫)의 시간이 걸리게 됩니다.

2) 유정(有情)의 출현

기세간이 형성되면 여기에 중생이 나타나는데, 이를 '유정세간(有情世間)'이라 합니다. 각 중생은 자기의 업에 따라 태어나며, 욕심의 정도에 따라서 욕계(欲界)·색계(色界)·무색계(無色界)의 삼계(三界)로 나뉩니다. 욕계는 욕심으로 꽉 차 있는 세계이며, 색계는 욕심은 없어졌으나 형색이 남아 있는 세계이며, 무색계는 형색은 없어졌으나 미세한 분별심은 남아 있는 세계입니다. 또 태어나는 방법에 따라 사생(四生), 즉 태생(胎生), 난생(卵生), 습생(濕生), 화생(化生)으로 나누어집니다.

3) 삼계(三界)

① 욕계(欲界)

욕계에는 지옥, 아귀, 축생, 아수라, 인간, 육욕천(사왕천·도리천·야마천·도솔천·화락천·타화자재천)이 있습니다. 욕계의 중생들은 욕심·성냄·어리석음의 삼독에 찌들려, 욕심이 꽉 차서 괴로워하고 있다고 합니다.

② 색계(色界)

색계란 모든 탐욕은 여의었으나 아직 완전히 정신적인 것은 되지 못한 중간의 세계입니다. 욕계의 상층에 있으며, 욕계보다 수승한 물질로 구성되어 있다고 합니다. 색계에는 초선천·이선천·삼선천·사선천의 4천이 있어 '색계사천'이라 하며, 이를 세

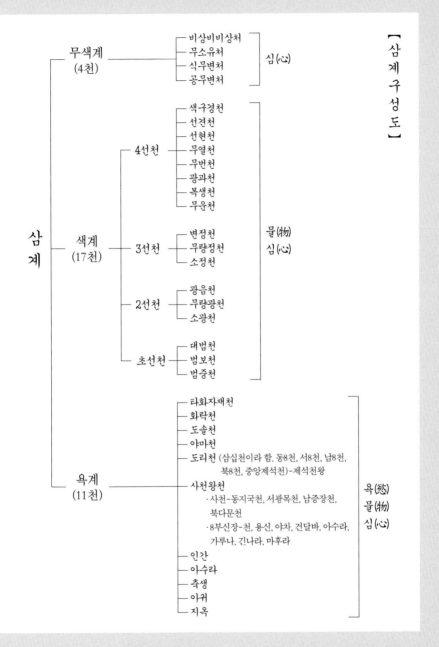

【삼계구성도】

```
                           ┌ 비상비비상처
              무색계         ├ 무소유처         ┐
              (4천) ─────── ┤ 식무변처         ├ 심(心)
                           └ 공무변처         ┘

                                  ┌ 색구경천    ┐
                                  ├ 선견천     │
                                  ├ 선현천     │
                          4선천 ──┤ 무열천     │
                                  ├ 무번천     │
                                  ├ 광과천     │
                                  ├ 복생천     │
                                  └ 무운천     │
                                             │
     삼                                       │
                                  ┌ 변정천    │   물(物)
     계     색계                   3선천 ──┤ 무량정천   │   심(心)
            (17천) ──┤                  └ 소정천    │
                                             │
                                  ┌ 광음천    │
                          2선천 ──┤ 무량광천   │
                                  └ 소광천    │
                                             │
                                  ┌ 대범천    │
                          초선천 ─┤ 범보천    │
                                  └ 범중천    ┘

                           ┌ 타화자재천                      ┐
                           ├ 화락천                         │
                           ├ 도솔천                         │
                           ├ 야마천                         │
                           ├ 도리천 (삼십천이라 함. 동8천, 서8천, 남8천,  │
                           │        북8천, 중앙제석천)-제석천왕           │
              욕계         ├ 사천왕천                        │   욕(慾)
              (11천) ──── ┤  ·사천-동지국천, 서광목천, 남증장천,      │   물(物)
                           │     북다문천                     │   심(心)
                           │  ·8부신장-천, 용신, 야차, 건달바, 아수라,  │
                           │     가루나, 긴나라, 마후라           │
                           ├ 인간                           │
                           ├ 아수라                          │
                           ├ 축생                           │
                           ├ 아귀                           │
                           └ 지옥                           ┘
```

분하여 '색계십칠천'이라 하기도 합니다.

③ 무색계(無色界)

완전히 정신적인 세계로 삼계 중 가장 수승한 곳입니다. 무색
계에는 공무변처천(空無邊處天), 식무변처천(識無邊處天), 무소
유처천(無所有處天), 비상비비상처천(非想非非想處天)의 4천이
있습니다. 비상비비상처천은 삼계 중 가장 놓은 곳에 위치한 하
늘이라는 뜻에서 '유정천(有頂天)'이라고도 합니다.

도리천궁

제3회 설법장소는 도리천궁입니다.

총 6품이 설해지며, 이 가운데 4품은

부처님의 위신력을 받은 법혜보살이

십주(十住)의 법문을 설하고 있습니다.

🧘 도리천(忉利天)

　도리천 꼭대기에는 수미산(須彌山)이라고도 불리고 묘고산(妙高山)이라고도 불리는 산이 있습니다. 인도어로는 수메르(Sumeru, Su는 오묘하다, meru는 높다는 뜻)라고 하는데, 이것은 히말라야산맥의 높은 산줄기를 상징하는 것으로 보입니다. 도리천은 33개의 나라로 이루어져 있는데, 이 33이라는 숫자는 우리 주변에서도 친숙하게 접할 수 있습니다. 새해를 맞이하는 서른세 번의 보신각 타종이 그것입니다.

　여기에는 모든 중생들에게 도리천 세계의 소식을 전하고, 중생계의 일들을 다시 천상계에 전한다는 의미가 있습니다. 또한 아직 욕계에 속한 중생들에게 부처님 법문을 듣고 성불하라는 의미도 담고 있지요.

　1) 불승도리천위모설법경 (佛昇忉利天 爲母說法經)
　'부처님이 도리천에 올라가 어머니를 위하여 설법한 경'이라는 뜻입니다. 보살이 행해야 될 일과 수기(受記)를 받은 이야기, 부처의 신기한 조화인 위신(威神) 변현(變現)에 대하여 설명합니다.

부처님이 도리천에 있는 어머니 마야 부인을 측은히 여겨, 어느 해 여름 석 달 동안을 도리천에 머물며 '보살이 부처와 같은 지혜와 능력을 갖추기 위해 해야 할 일'을 설법하십니다.

① 보살은 경전들을 많이 읽어 그 이치를 깨닫고 신통력을 갖추어야 한다.

② 보살은 고난과 재난 속에서 허덕이는 사람들을 구제하기 위한 방편을 갖추어야 한다.

③ 보살은 이 세상의 모든 것이 공(空)함을 알고, 선악을 비롯한 모든 차별적인 생각을 떠나 고요한 마음의 경지에 머물러야 한다.

④ 보살은 계율(戒律)의 본성을 옳게 받들어 지키며, 다른 중생들에게도 가르쳐야 한다.

부처님은 또한 자신과 어머니인 마야 부인과의 관계를 설명합니다. 부처님 자신은 어머니 마야의 몸에서 태어난 것이 아니라, 지혜 바라밀다에서 태어났다고 이야기합니다. 사람이란 지수화풍(地水火風)의 네 가지 요소들이 일시적으로 모여 이루어진 공(空)한 것이므로 어느 누구도 부처의 어머니가 될 수 없다는 것입니다. 다음으로 월씨(月氏)의 전생을 소개하면서 미륵 이후에 일요(日曜)라는 이름의 부처가 될 것임을 수기하고, 마지막으로 갖가지 형상으로 모든 세계에 나타나 중생들을 가르칠 것이라고 전합니다.

이 경은 보살이 행하는 바와 부처의 위신 변현(威神變現), 즉 갖가지 형상으로 모든 세계에 나타나는 능력이 어떻게 대승의 공(空)이라는 입장과 모순되지 않고 조화를 이루는가에 대해 설명하고 있습니다.

2)어머니를 위하여 설법하신 인연

부처님께서 사위국에 계시며 비구들에게 말씀하셨습니다.

"나는 지금 도리천에 올라가 여름 안거를 지내면서 어머님을 위해 설법하고자 한다. 너희 비구들 중에 가고 싶은 사람은 나를 따르거라."

말씀을 마치신 부처님은 곧 도리천에 올라가 한 나무 밑에 앉아 여름 안거를 지내며, 어머니 마야 부인과 한량없는 하늘 사람들을 위해 설법하셨습니다. 마침내 그들이 모두 진리를 깨닫게 되자 부처님께서는 다시 염부제(중생세계)로 돌아오셨습니다.

비구들이 아뢰었습니다.

"놀랍습니다. 세존께서는 어머님을 위하여 90일 동안 도리천에 머무셨습니다."

이에 부처님께서 말씀하십니다.

"오늘만이 아니다. 나는 지나간 세상에서도 어머니를 위하여 그 괴로운 일을 제거해 드렸느니라."

그때 비구들이 여쭈었습니다.

"과거에는 어떠한 일이 있었습니까?"

부처님께서 말씀하셨습니다.

"먼 옛날 설산 기슭에 원숭이들의 왕이 있어 5백 마리 원숭이를 거느리고 있었다. 어느 날 사냥꾼이 그물을 쳐서 그들을 둘러싸자 원숭이 왕이 말하였다. '너희들은 조금도 두려워하지 말라. 내가 너희들을 위하여 저 그물을 찢으리니, 모두 나를 따라오너라.' 그는 곧 그물을 찢었고, 원숭이들은 모두 그곳에서 벗어날 수 있었다. 그때 한 늙은 원숭이가 새끼를 업고 가다가 발이 미끄러져 깊은 구렁에 떨어졌다. 원숭이 왕은 어머니를 찾았으나 있는 곳을 알 수 없었다. 그러다가 깊은 구렁을 발견했고, 그 속에서 어머니를 찾아내었다. 그는 여러 원숭이들에게 말하였다. '너희들은 힘을 내어 나와 같이 어머니를 건져내자.' 여러 원숭이들은 서로 꼬리를 붙잡고 구렁 밑으로 내려가 어머니를 끌어올려 고난에서 벗어나게 하였다. 그때에는 깊은 구덩이의 어려움에서 건져내었고, 지금은 지옥·아귀·축생의 삼악도(三惡道)의 어려움에서 어머니를 건져낸 것이다."

부처님께서 이어 말씀하셨습니다.

"부모를 구제하면 큰 공덕이 있느니라. 나는 어머니를 구제하였기 때문에 세상마다 어려움이 없었고, 스스로 부처를 이루게 된 것이다. 이런 이치를 알아 너희 비구들은 각각 부모에게 효순하고 공양하여야 하느니라."

3) 도리천에 태어나는 사람

신심을 갖추고 아량이 넓으며, 좋은 생각을 갖고 보시(나눔·베품)를 행하는 사람, 마음이 흐트러지지 않은 사람, 수행자와 다른 덕 있는 사람을 보면 공손하게 인사를 드리는 사람, 덕 있는 행위로 스스로를 닦으며, 구걸하는 사람들에게 음식 주는 사람들을 방해하지 않는 사람……. 이런 사람들은 죽어서 도리천에 태어난다고 합니다.

13. 천상에 오르신 부처님 – 승수미산정품

「승수미산정품(昇須彌山頂品)」은 도리천에서 계속되는 품들의 머리말에 해당됩니다. 승수미산정(昇須彌山頂)이란 '부처님께서 도리천의 가장 꼭대기에 있는 수미산 마루에 올라갔다'는 뜻으로, 부처님이 수미산 꼭대기에서 하늘 사람들을 교화한 내용과 부처님의 덕행을 찬양하고 있습니다.

부처님은 인간 세상에서 사람들을 교화하신 후 하늘 세계의 사람들도 교화해야겠다는 생각으로 도리천의 왕궁인 제석천궁(帝釋天宮)으로 향합니다. 제석천왕은 부처님께서 오시는 것을 보고는 곧바로 궁전을 아름답게 치장하여 부처님을 맞이합니다. 제석천왕은 인도 인드라 신앙의 중심에 있는 창조신을 말하는데, 그 제석천왕이 『화엄경』에서는 부처님을 맞이하는 왕으로 등장하는 것이죠.

부처님께서 제석천궁을 찾아주신 기쁨을 노래로 찬탄하며, 제석천왕은 제석천궁이 어찌하여 상서로운 곳인가를 설명합니다. 제석천궁이 상서로운 것은, 이미 전생에 가섭 부처님과 연등 부처님을 비롯한 열 분의 부처님께서 제석천궁에서 설법을 하신 인연 때문이라고 합니다. 여기서 말하는 열 분의 부처님이란 가섭·연등·나한본·부루손·수협·시기·비바시·불사·제사·파르마 부처님입니다.

제석천왕은 부처님께 제석천궁에 머물러 계시며 하늘 사람들을 위하여 설법해 주실 것을 간절히 청합니다. 부처님께서 그의 청을 수락하시고 그 자리에 모인 대중들과 함께하셨습니다. 법혜보살이 부처님의 신통력을 이어 무량방편삼매(無量方便三昧)에 들어 십주(十住) 등의 법문을 설합니다. 십주 법문에는 육바라밀과 십바라밀 사상이 잘 나타나 있습니다.

14. 보살들, 부처님을 찬탄하다 – 수미정상게찬품

「수미정상게찬품(須彌頂上偈讚品)」은 도리천에서 제3회의 법문이 시작되는 부분으로, 열 명의 보살들이 부처님의 공덕을 찬탄하고 있습니다. 시방의 부처님 세계에서 법혜·일체혜·승혜·공덕혜·정진혜·선혜·지혜·진실혜·무상혜·견고혜 보살 등 10혜 보살이 먼지 티끌과 같은 많은 수의 보살들과 함께 와서 부처님의 공덕을 찬탄합니다. 보살들의 이름이 혜(慧)인 것은 지혜(智慧)가 보살행의 바탕임을 의미하기 때문입니다.

경전에는 다음과 같이 표현되어 있습니다.

그때 부처님께서 두 발가락으로 광명을 놓아 수미산 꼭대기를 비추시니 제석천 궁전 안의 부처님과 대중들 모두 그 속에 나타나지 않은 이가 없었다. 법혜보살을 위시한 모든 보살들이 그 경계를 게송(偈頌 시)으로 찬탄하였다.

우리들이 지금 부처님께서
수미산정에 계심을 뵙듯
시방에서도 모두 그러하니
여래의 자재한 힘이로다

온갖 법이 나지도 않고
온갖 법이 사라지지도 않나니
만약 능히 이를 알면
부처님께서 항상 나타나시리라

온갖 법들이

자성(自性)이 없는 줄 알지니

법의 성품이 이와 같은 줄 안다면

즉시 노사나불을 친견하게 되리라

위의 게송은 대승불교에서 회자하는 '무아성(無我性), 무자성(無自性)'과도 상통하는 내용으로, 『금강경』에서 말하는 "아상(我相), 인상(人相), 중생상(衆生相), 수자상(壽者相)은 없다"라는 것과도 상통합니다.

사상(四相)이란?

아상(我相), 인상(人相), 중생상(衆生相), 수자상(壽者相)을 말한다. 『금강경』은 이들이 실체를 가지고 있는 존재가 아니라 가유(假有)의 존재이며, 비록 공(空)이란 용어는 사용하고 있지 않지만, 그 본질이 공임을 말해 준다. 따라서 이에 대한 그릇된 견해와 집착에서 벗어날 것을 가르치고 있다.

아상이란 오온(五蘊)이 화합하여 생긴 몸과 마음에 참다운 '나'가 있다고 집착하는 견해, 인상이란 오온이 화합하여 생긴 '나'는 사람이니 지옥취나 축생취와 다르다고 집착하는 견해, 중생상이란 중생이 자신의 몸을 오온이 화합하여 이루어진 참된 실체라고 고집하는 잘못된 견해, 수자상이란 오래 살고 싶어 하는 생각이나 태어날 때 일정한 목숨을 가지고 있다는 생각을 말한다. 불교에서는 이러한 견해를 버려야 한다고 하여 무아상, 무인상, 무중생상, 무수자상을 강조한다.

무아(無我)란?

일반적으로 무아(無我)란 '내가 아닌 것(非我)'이라는 말과, '나를 소유하지 않은 것(無我)'이라는 두 가지 뜻이 있다. 나의 것, 나의 소유라고 생각하는 집착을 배제하라는 말이다. 그러나 석가모니 부처님이 말하는 무아는 실체가 없는 것, 즉 연기에 의해 이루어진 제법(諸法)을 실체로 보아서는 안 된다는 실천적 의미를 가리킨다.

오온(五蘊, panca khandha)이란?

불교에서 인간을 구성하는 물질적 요소인 색온(色蘊)과 정신 요소인 4온을 합쳐 부르는 말로, 온이란 곧 집합·구성 요소를 의미한다. 오온은 색(色)·수(受)·상(想)·행(行)·식(識)의 다섯 가지로, 처음에는 인간의 구성요소로 설명되었으나 더욱 발전하여 현상세계 전체를 의미하는 말로 통용되었다.

오온이 인간의 구성 요소를 의미하는 경우에는 '색'은 물질요소로서의 육체를 가리키며, '수'는 감정·감각과 같은 고통·쾌락의 감수(感受)작용, '상'은 심상(心像)을 취하는 표상·개념 등의 작용을 의미한다. '행'은 수·상·식 이외의 모든 마음의 작용을 총칭하는 것으로, 그중에서도 특히 의지작용·잠재적 형성력을 의미한다. '식'은 인식판단의 작용, 또는 인식주관으로서의 주체적인 마음을 가리킨다.

15. 보살이 머무는 자리 – 십주품

「십주품(十住品)」은 성불하는 수행 단계를 열 가지로 설명할 때 사용하는 방법입니다. 성불의 수행 단계는 보통 52계위를 가지고 설명하는데,『화엄경』에서 52계위는 십신(十信)·십주(十住)·십행(十行)·십회향(十回向)·십지(十地)의 50계위에 등각(等覺)·묘각(妙覺)의 2계위가 더해진 것입니다. 사실 52계위 가운데 십신의 열 가지 믿음 수행의 계위는 정확하게 나타나 있지는 않지만, 화엄경 전체를 주목할 때 믿음은 보살행을 기초로 하는 것이기 때문에 십신(十信)을 갖는다고 보고 있습니다.

십주(十住)는 부처님 집에 머무는 데 있어 지켜 나가야 할 열 가지 수행을 말합니다. 여기서 '머문다'는 것은 보살로서 수행

숫자 십(十)의 의미

숫자 10은 곧 만수(滿數)를 의미하며 '조금도 모자람이 없음'을 나타내는 진리의 법수(法數)라 여기고 있다.『화엄경』에서는 이런 10이란 숫자를 중심으로 보살도의 단계를 설명하는 동시에 화엄의 사상을 설명하고 있다.

성불수행의 종류

1. 점수(漸修)적 수행법
십신 → 십주 → 십행 → 십회향 → 십지 → 등각 → 묘각 등 단계를 밟으며 성불하는 수행법이다.
2. 돈오(頓悟)적 수행법
믿음의 초기든 믿음이 완성된 시기든, 혹은 십주의 어느 단계든 간에 바로 깨달아 성불할 수 있다는 수행법이다. 시기에 따라 십신성불(十信成佛), 신초성불(信初成佛), 신만성불(信滿成佛), 십주성불(十住成佛)이라고도 한다.

의 마음가짐을 어찌해야 하는가와 통하는 것입니다. 열 가지의 보살 마음을 불러냄으로써 깨달음의 세계를 열어가는 것, 즉 십주는 열 가지 마음의 해탈문을 열어주는 수행법이라고 볼 수 있습니다. 보살이 깨달음을 추구하는데 십주가 이상적인 수행이라고 하는 것도 이에 연유한 것입니다.

십주는 다음 단계인 십행(十行)으로 나아가는 발판이지만, 십주 그 자체로도 하나의 완전한 단계임을 보여주고 있습니다. 이는 『화엄경』의 큰 특징이기도 합니다. 보통 수행은 한 단계 한 단계 닦아서 다음 단계로 나아간다고 보는 것이 일반적입니다. 그러나 『화엄경』에서는 10이라는 숫자가 말하듯 단계 그 자체로 완성·성취를 나타내므로 독립적인 불과(佛果 불도를 닦아 이르는 부처의 지위)로 보기도 합니다.

그럼 이제부터 부처님의 집에 머무르는 열 가지 마음, 즉 십주를 하나하나 살펴봅시다.

1) 초발심주(初發心住)

초발심주는 보살이 깨달음을 성취하기 위해 처음 발보리심을 낸 마음가짐의 자리로, 지혜를 내는 마음을 말합니다. 발심은 어떤 사건·사람의 지시나 가르침을 따라서 발심하는 수사발심(隨事發心)과 이치와 도리에 따라서 발심하는 순리발심(順理發心)으로 구분할 수 있습니다. 초발심주에서는 순리발심에 중심을 두고 열 가지 지혜를 터득합니다.

초발심주의 열 가지 지혜(十法智)란 옳은 곳과 그른 곳을 아는 지혜, 선악의 업을 아는 지혜, 근기가 수승하고 둔함을 아는 지혜, 갖가지 차별이 있음을 아는 지혜, 갖가지 경계를 아는 지혜, 일체지처가 진리임을 아는 지혜, 선정·해탈·삼매를 아는 지혜, 과거세에 대해 걸림 없이 아는 지혜, 천안통을 얻어 걸림이 없는 지혜, 누진통을 얻어 번뇌가 사라진 지혜를 말합니다.

2) 치지주(治地住)

치지는 마음의 법을 다스리는 계위입니다. 여기서 지(地)란 심지(心地)를 말하는 것으로, 마음의 덕을 나타내는 표현입니다. 즉 마음을 대지에 비유하여 대지가 만물을 생성해 내는 것과 마찬가지로 마음이 만법의 근원임을 나타낸 것입니다.

이 단계의 보살은 중생들에게 대비심(大悲心), 대자심(大慈心), 안락심(安樂心), 안주심(安住心), 연민심(憐愍心), 자비로운 마음으로 중생을 거두어 보살피는 섭수심(攝受心)과 수호심(守護心), 중생을 내 몸과 같이 생각하는 동기심(同己心), 스승처럼 여기는 사심(師心), 부처님처럼 여기는 여래심(如來心) 등 열 가지 마음을 냅니다.

3) 수행주(修行住)

수행주는 실상을 보는 마음가짐을 말합니다. 이 단계의 보살은 모든 존재를 관찰하는 열 가지 길을 닦습니다. 모든 존재는 영원하지 않으며(無常), 괴로움(苦)이며, 공(空)이며, 나라는 존재는 없으며(無我), 즐거워할 것이 아니며(無味), 모이고 흩어지는 일도 없으며(無作), 한 곳에 머무는 것도 아니며(無處所), 영원히 변하지 않는 것도 아니며(不如名), 모든 사물은 허망하고(離分別), 거기에는 견고함이 없다(無堅實)고 관찰합니다.

이와 더불어 모든 중생의 세계, 진리의 세계, 땅의 세계, 물의 세계, 불의 세계, 바람의 세계, 욕망의 세계, 형상이 있는 세계, 형상이 없는 세계에 대해서도 알아야 합니다. 그리하여야만 보살은 모든 사물에 대해서 맑고 밝은 지혜를 증득할 수 있기 때문입니다.

4) 생귀주(生貴住)

생귀주는 보살이 부처님의 교법을 통해 귀하게 태어난 마음가짐의 자리입니다. '귀하게 태어난다'는 것은 하기 어려운 일을 물리치고, 구하기 힘든 것을 구하고, 남이 할 수 없는 일을 하여 모든 사람들로부터 존경과 찬탄을 받을 수 있는 일을 성취한다는 뜻입니다.

이 단계의 보살은 부처님의 가르침을 통해 열 가지 법을 성취합니다. 즉, 영원히 포기하지 않으며, 깊고 청정한 신심을 내며, 법을 잘 관찰하며, 중생·국토·세계·업행(業行)·과보·생사·열반을 잘 아는 것을 말합니다.

이 생귀주는 보살이 수행을 통해 성취하는 상구보리(上求菩提), 즉 깨달음을 얻기 위해 노력하는 지위입니다. 자기가 얻은 공덕을 남에게 주지 않고 자기에게만 돌리는 자리행(自利行)에 가깝다고 하겠습니다.

5) 구족방편주(具足方便住)

구족방편주는 보살이 좋은 과보를 낳게 하는 선근(善根)을 쌓아 중생에게 이로움을 주는 데 모자람이 없는 마음가짐의 자리

112

입니다. 생귀주와 반대로 아래로 중생을 제도하고 교화하는 하화중생(下化衆生)의 지위로, 자기가 얻은 공적을 남에게 나눠주는 이타행(利他行)을 나타낸다고 하겠습니다.

이때의 이타행이란 일체 중생을 구호하고, 연민하며, 생사의 고뇌로부터 벗어나게 하고, 기쁘게 하며, 중생의 인격을 완성시키고, 중생으로 하여금 모든 재난을 떠나게 하고, 번뇌를 극복하게 하며, 모두가 열반을 얻도록 하는 것입니다.

6) 정심주(正心住)

정심주란 굳건하고 견고한 믿음으로 바르게 신심(信心)을 갖는 마음자리를 말합니다. 어떤 유혹과 훼방에도 의심이나 불만을 품지 않습니다. 도법(道法)의 청정함을 확신하기에 흔들리지 않는 마음자리로, 부동심(不動心) 혹은 결정심(決定心)이라고도 합니다.

도심청정(道心淸淨)의 혜안이 갖추어지기 위해서는 진리에 따라 행하고 진리 자체를 행해야 합니다. 이에 존재의 규명을 위한 반야바라밀 수행을 강조하는데, 반야바라밀행은 존재의 무자성(無自性)·공(空)·연기(緣起)를 철저히 깨닫도록 하는 수행법입니다. 다시 말해서 존재에 대한 현상의 집착을 경계하고, 궁극적 실상에 대한 진실을 바르게 앎으로써 흔들림이 없는 신심(信心)의 마음자리를 굳건히 하는 수행인 것입니다.

7) 불퇴주(不退住)

불퇴주란 보살의 수행과 관련된 의지와 정진을 말하는 것으로, 어떤 장애에도 물러서지 않고 포기하지 않는 마음가짐을 말합니다. 어려운 난관을 극복하고 전진해 나가는 의지가 발휘되는 경지입니다.

『소품반야바라밀경』에서는 살타바륜보살이 불퇴심과 방일(放逸)함, 나태함 없는 일심으로 반야바라밀을 수행하는 모습이 묘사되어 있습니다. 살타바륜보살은 반야바라밀을 배우고자 중향성에 있는 담무갈보살을 찾아 구법여행을 떠납니다. 그는 어려운 난관에 봉착하더라도 물러서지 않고 확실한 믿음으로 결연한 의지를 발휘하는데, 이는 보살도를 수행하는 것이 얼마나 중요한가를 보여줍니다. 이러한 불퇴전의 보살을 아비발치(Avaivartiks)보살이라도 부릅니다.

또한 『해심밀경』에서는 불퇴주와 관련하여 보살이 익혀야 할 법으로 육바라밀(六婆羅蜜)을 설명하고 있습니다. 육바라밀의 네 번째인 정진바라밀 수행 가운데 용맹스러운 피갑정진(被甲精進), 착한 법을 전환해서 일으키는 가행정진(加行精進), 중생을 이롭게 하는 무퇴정진(無退精進) 등을 이야기합니다. 이로 볼 때 정진(精進)과 불퇴전(不退轉)은 곧 복덕(福德)과 지혜를 성취하는 기반이 된다고 할 수 있지요.

업(業)이란?

업은 카르마(Karma)라고 하며, 산스크리트의 '만들다', '행동하다'라는 동사의 어근 'kṛ'에서 유래한 개념이다. 넓은 의미로는 행위·조작·힘·작용 등으로 해석할 수 있다. 좀 더 깊이 분석하면 인과(因果)의 이치를, 나아가 연기법과도 일치됨을 알 수 있다.

불교에서 업은 '중생이 몸·입·뜻으로 짓는 선악의 소행'을 말한다. 혹은 전생의 소행으로 말미암아 현세에서 받는 응보(應報)를 가리킨다. 인간의 행위 그 자체는 발생한 뒤 반응을 낳게 되므로, 업은 인간 행동에 있어 '의지가 수반된 행위'를 일컫는 것이다.

업은 또한 인과(因果)로도 설명된다. 원인에 의한 결과를 가져오는 인과율은 업에 의해 전개되는 업인업과(業因業果)로서, 인간의 세 가지 행위에 의해 발생되는 세계를 말한다. 이것을 3업, 즉 신업(身業 신체적 행동)·구업(口業 언어적 표현)·의업(意業 정신적 활동)이라고 한다. 따라서 3업이 청정치 못하면 당연히 괴로움이 따르므로, 중생의 삶이 고해 속에서 벗어나지 못하는 까닭을 3업으로 설명하는 것이다.

8) 동진주(童眞住)

동진(童眞)이란 어린 동자를 일컫는 말로, 보살의 마음자리도 어린 동자와 같이 물들지 않는 깨끗한 마음을 갖는다는 말입니다. 보살이 열 가지 청정한 업(業)에 머무르는 자리입니다.

이 자리의 보살은 3업이 청정한 경지를 갖추기 때문에 보리심을 성취시킬 수 있습니다. 또한 나머지 욕(欲)·해(解)·계(界)·업(業)·세계의 성괴(成壞)에 대해 잘 이해하고, 보살이 갖추어야 할 덕목을 다 지니고 있습니다.

9) 법왕자주(法王子住)

중생과 여래의 일을 잘 아는 지위입니다. 법왕의 아들인 왕자가 법왕의 법행(法行)에 대해 모든 것을 관통하고 있는 것처럼, 보살도 보살이 행해야 할 법행을 잘 알고 있음을 드러내는 마음가짐의 자리입니다.

여기서 주시할 것은 법사(法師)와의 관련성입니다. 법사는 『법화경』에서 '여래사(如來師)'라고 하는데, 여래사는 여래의 일을 하는 실천자이며 담지자를 말합니다. 그런 까닭에 여래의 일(事)과 여래의 본원(本願)이 무엇인지를 완전하게 알고 있어야 하며, 아울러 그와 스스로 동일한 자격을 갖추고 있어야 합니다. 그리하여 여래를 대신해서 여래의 일을 해야 합니다.

법사가 설법하는 내용은 다름 아닌 부처님의 교법(敎法)이며, 교법은 윤회(輪廻)·번뇌(煩惱)·습기(習氣)·교화방편(敎化方便)·법(法)·위의(威儀)·세계차별(世界差別)·인과(因果)·세제(世諦)·제일의제(第一義諦)를 말합니다.

10) 관정주(灌頂住)

관정이란 전법·수계를 받는 사람의 정수리에 물이나 향수를 뿌리는 의식을 말합니다. 즉 왕자가 관정식을 갖고 왕위에 취임하는 것을 비유하는 경지로, 보살이 열 가지 지혜를 얻어 최고의 자리에 앉는다는 뜻입니다. 능력과 소질, 자격 등을 인정받고 충분히 갖추어진 상태임을 드러내는 마음자리입니다.

여기서 말하는 열 가지 지혜란 세계를 진동하고, 비추고, 머물고, 나아가고, 장엄하고, 중생에게 열어 보이고, 관찰하고, 이해하고, 안내하고, 조복하게 하는 것입니다. 이를 위해서는 또 열가지 지혜가 완성되어야 합니다. 열 가지란 삼세(三世)·불법(佛法)·무애법계(無碍法界)·무변법계(無邊法界)·일체법계(一切法

界)의 가득 참과 중생을 알고, 모든 법을 알고, 무량무변한 일체 부처님을 아는 지혜를 말합니다. 이는 관정주가 불도를 성취하기 위하여 온갖 지혜를 증득해야 하는 경계임을 알 수 있습니다.

16. 마음을 내어 살피고, 묻고, 닦자 – 범행품

범행(梵行)은 도덕적 생활, 해탈을 위한 종교적 생활이나 수행을 의미합니다. 범행이란 좁은 의미로는 일상적인 삶에서 행복을 추구하는 도덕적 생활을 의미하지만, 종교적인 의미에서는 죽음이 없는 본원(本願 부처님이 중생을 교화하려고 세운 본래 서원 자리)의 세계로 돌아가기 위한 행위를 의미합니다. 따라서 범행이야말로 가장 큰 가치의 추구라 할 수 있습니다.

그렇다면 범행은 어떻게 가능할까요?

정념천자(正念天子)는 법혜보살에게 어떻게 하여야 출가자가 청정한 범행을 얻고, 보리도에 이를 수 있는가 묻습니다. 이에 법혜보살은 답합니다.

범행(梵行)을 닦을 때에는 몸, 신업, 말, 어업, 의(意), 의업, 불(佛), 법(法), 승(僧), 계(戒) 등의 십법(十法)을 대상으로 하여 관찰하면 청정범행을 이룰 수 있다.

이는 범행을 이루는 주요한 요지가 '관찰'하는 데 있음을 말해 주고 있습니다. 여기서의 관찰은 그저 바라보는 것이 아니라, '과연 관찰하는 대상이 구체적인 실체를 가지고 있는가'를 끊임없이 생각하는 것을 의미합니다. 관찰은 지혜의 눈으로 정견(正見 팔정도의 하나로, 제법의 진실한 모습을 바르게 판단하는 지혜)을 가지고 대상을 보는 것입니다.

여기서 유의할 것은, 관찰을 위해서는 가장 먼저 계율을 잘 배우고 지켜야 한다는 점입니다. 마음을 관찰하고자 하면 마음의 움직임에 대해 민감해야 하는데, 계율을 지키지 않고 거리낌 없이 행동하면 섬세한 마음의 움직임을 알 수 없게 되기 때문입니다.

이렇듯 계율은 부처님의 길을 가는 토대가 됩니다. 이 토대 위에서 번뇌를 끊어야 평정한 생활을 할 수 있는 것입니다. 계율이 마음 공부를 하는 기준이 되고 바탕이 된다고 하는 것은 바로 이 때문입니다.

일반인들은 상식과 법률로써 선악을 판단하지만, 수행자는 부처님의 계율로써 마음에 일어나는 선과 악을 판단하고 모든 수행의 바탕으로 삼아야 합니다. 계율은 악을 멀리하고 선을 행하도록 하는 발판이 되며, 여기에서 팔정도(八正道)와 육바라밀(六波羅蜜) 같은 모든 수행이 이루어집니다. 이는 자기의 마음을 보는 수행의 첫 단계입니다.

이렇듯 「범행품」에서는 관찰의 대상인 신(身)·구(口)·의(意) 삼업(三業)과 불(佛)·법(法)·승(僧)의 삼보(三寶), 그리고 계(戒)를 있는 그대로 관찰할 것을 요구합니다. 있는 그대로를 관찰하고, 있는 그대로 관찰한 결과가 나타날 때 청정한 범행이 이루어진다고 합니다. 즉, 십법(十法)을 바르게 관찰(正觀)함으로써 행이 이루어진다는 것입니다. 그리하여 법혜보살은 정념 천자에게 다음과 같이 설하셨습니다.

경계라는 것은 요술 같고, 꿈같고, 그림자 같고, 메아리 같고, 또한 허깨비 같음을 분명히 알라.

불교의 가장 큰 특징은 어떤 맹목성도 추구하지 않는 것에 있습니다. 부처님과 교법, 계율, 승가에 대해서도 끊임없이 물음을 품고 생각하라고 가르칩니다. 불교는 부정적인 의미에서의 '권위'를 추구하지 않습니다.

때론 혼돈에 빠지고 때론 잘못된 견해에 생각이 흐트러질지라도, 우리 스스로가 계속해서 묻고 찾으며 진리를 추구한다면 불법(佛法 부처님의 가르침)이 진리임을 알게 될 것입니다. 그것이 바로 불교의 진정한 '권위'입니다.

보살 십법(十法)이란?

① 어떠한 비방에도 마음이 능히 참아낸다.
② 어떤 칭찬에도 도리어 부끄러워하는 마음을 가진다.
③ 도를 닦는 것은 기뻐하되 자만하지 않는다.
④ 다른 사람의 나쁜 소문을 퍼뜨리지 않는다.
⑤ 세간사에 매여 주술을 부리지 않는다.
⑥ 작은 은혜라도 크게 보답하고자 한다.
⑦ 나를 미워하는 사람에게도 변함없는 선한 마음을 가진다.
⑧ 욕하는 사람을 만나면 도리어 연민심이 생긴다.
⑨ 모든 중생을 부모처럼 생각한다.
⑩ 자기가 가진 모든 것으로 남을 기쁘게 한다.

17. 발심의 자리, 정각의 자리 – 초발심공덕품

「초발심공덕품(初發心功德品)」은 '초발심시변정각(初發心時便正覺)'이라는 전제에서 이루어집니다. 먼저 수행하는 지위를 갖추는 것으로 훌륭한 공덕이 저절로 나타난다는 말이지요.

법혜보살이 초발심 보살의 공덕에 대해 다음과 같이 말씀하셨습니다.

보리심(菩提心)은 한량없이
크고 넓은 청정한 법계와 같고
집착도 없고 의지하는 곳도 없으며
물듦도 없어 마치 허공과 같네

그는 갖가지 행을 닦아 고요하고
아무 곳에도 의지하는 바가 없으며
그 마음은 언제나 편히 머물러
요동하지 않음이 마치 수미산 같네

항상 씩씩하고 부지런히 정진하여

빨리 보리심을 내어야 하고

최상의 훌륭한 법을 구하고자 하면

빨리 온갖 번뇌를 끊어야 하네

삼세의 가장 높으신 부처님과

일체의 모든 공덕의 업과

위없는 최상의 보리 열매는

초발심에서 생긴 것이네

무엇보다도 처음 발심한 초심의 공덕이 크다는 말입니다. 이는 꾸준하게 매일매일 발심하고 공부하는 자세가 가장 귀하다는 의미이기도 합니다.

천릿길도 한 걸음부터라는 말이 있습니다. 등산을 할 때도 정상에 오르려면 첫발을 내딛어야 하며, 도중에 쉬거나 길이 나빠서 가지 않는다면 결코 정상에 오를 수 없습니다. 처음 먹은 마음이 중요한 까닭은, 인간의 마음이란 시간이 지나면 지날수록 변질되고 약해지기 때문입니다. 따라서 초발심은 언제나 수동적으로 머무르는 마음이 아니라 능동적으로 가꾸어야 하는 마음입니다. 상황 속에 잊히거나 사라지는 처음 발심의 마음을 우리 스스로 견고하게 가꾸어 나가며, 끊임없이 정진하고 또 정진하는 것만이 성불로 나아갈 수 있는 길입니다.

이러한 정진의 과정 속에서 결정적으로 발심하거나, 또는 선지식을 만나거나 경을 만나서 마음이 열리면 도중에라도 깨달음을 얻을 수 있습니다. 그것이 곧 초심성불(初心成佛)입니다. 첫 마음이 열려서 성불할 수 있다는 것이지요.

실제로 수행하고 결실을 맺는 과정에서 처음 발심한 마음의 에너지라는 것이 얼마나 크고 중요한가는 두말할 나위가 없습니다. 발심한 사람은 청정한 수행을 통해 최초의 발심을 굳건히 하고, 본격적으로 깨달음을 향한 길을 가게 됩니다.

18. 부처님을 기쁘게 하는 수행 – 명법품

도리천에서 설해진 6개 품 중 그 마지막 품인 「명법품(明法品)」은 보살의 열 가지 바라밀행과 그 성취법에 대해 이야기하고 있습니다. 정진혜(精進慧)보살이 법혜보살에게 청정한 수행을 닦는 방법을 묻자, 법혜(法慧)보살이 바라밀 수행법과 성취법에 대해 답한 것이 바로 이 품입니다.

이 품에서는 부처님을 기쁘게 하는 가장 첫 번째 수행으로 '방일(放逸 멋대로 거리낌 없이 놂)하지 않는 것'을 들고 있습니다. 방일하지 않는 것이란, 자신의 마음을 항상 수호하여 대상에 흔들리지 않도록 노력을 게을리 하지 않음을 말합니다.

그렇다면 방일하지 않음이 왜 그렇게 중요할까요?

'계(戒)'는 금지의 의미를 가지지만, 더 근본적으로는 '단속'의 의미를 지닙니다. 우리의 육근(六根 눈·코·입·귀·몸·뜻)이 마음대로 날뛰지 않도록 단속하는 것이 '계'의 본래 의미인 것입니다. 우리에게 계를 일러주신 석가모니 부처님은 계를 정하고, 제자들에게 무작정 따르도록 강제하시는 분이 아니셨습니다. 부처님은 언제나 우리가 수긍할 수 있는 이유를 제시해 주시고, 그 모든 계가 우리의 마음을 잘 다스리기 위한 방편임을 일깨워 주십니다. 우리의 마음은 대상과 욕망에 따라 끊임없이 변하기 때문에 잠깐이라도 방심하게 되면 계를 어기기 쉽고, 대상에 집착하게 됩니다. 따라서 방일하지 않음을 얻기 위해서는 다음의 열 가지가 중요합니다.

① 계율을 청정히 지키는 것

② 어리석음을 버리는 것

③ 타인에게 아첨하지 않는 것

④ 불퇴전을 얻는 것

⑤ 발심한 바를 항상 생각하는 것

⑥ 범부(凡夫)들과 어울리지 않는 것

⑦ 선한 업을 닦으면서도 과보를 바라지 않는 것

⑧ 보살도를 행하는 것

⑨ 끊임없이 선을 행하는 것

⑩ 스스로를 계속해서 관찰하는 것

즉 발심한 바를 항상 생각하는 초발심주(初發心住)나 어떤 외부의 유혹에도 굴하지 않는 불퇴전주(不退轉住)에 머무름도 모두 마음을 모아 견고하게 만들기 위해 필요한 수행들입니다.

이런 수행을 지속시켜 나감으로써 방일하지 않음을 얻고 '정(定)', 즉 고요한 마음을 획득할 수 있게 됩니다. 무리들과 쓸데없이 어울리지 않으며, 타인의 태도에 집착하지 않음으로써 우리는 모든 산란한 마음을 그치고(止) 더욱 정진할 수 있게 됩니다. 스스로를 계속해서 관찰(觀)하는 것은 지혜를 얻기 위한 수행입니다.

이처럼 정(定), 지(止), 관(觀)은 자기 자신을 닦는 중요한 수행입니다. 선한 업을 닦으면서도 과보를 바라지 않을 것, 보살의 도를 행할 것, 끊임없이 선을 행함은 자기를 닦을 뿐만 아니라 이웃과 자신이 속한 사회를 이롭게 하는 수행이기도 합니다.

이렇게 적극적으로 나의 선한 마음, 도를 이루는 씨앗이 되는 마음을 보호함으로써 우리는 수행의 다음 단계를 향한 마음의 에너지를 얻게 됩니다.

방일하지 않음을 실행할 수 있게 되면, 이어 열 가지의 정법(淨法), 즉 모든 부처님을 기쁘게 하는 열 가지 법을 실천합니다.

① 부지런히 행동하여 물러나지 않는다.

② 신명(身命)을 아끼지 않는다.

③ 이익을 구하지 않는다.

④ 일체의 법이 허공과 같음을 안다.

⑤ 묘한 방편의 지혜로서 모든 법이 법계와 같음을 관찰한다.

⑥ 모든 법을 분별하여 의지하는 마음이 없어야 한다.

⑦ 항상 큰 서원(誓願 다짐)을 세운다.

⑧ 청정한 법인(法忍 진리)에 대한 지혜를 성취한다.

⑨ 손해되고 이익이 되는 모든 법을 잘 안다.

⑩ 행하는 법문을 모두 다 청정하게 한다.

탐욕이 많은 이에게는 부정관(不淨觀)을 가르치고, 분노가 많은 이에게는 대자관(大慈觀)을 가르치고, 어리석음이 많은 이에게는 모든 법을 바르게 분별하도록 가르치고, 삼독(三毒)을 고루 가진 이에게는 훌륭한 지혜를 갖출 법문을 가르치고, 생사(生死)를 원하는 이에게는 세 가지 고통을 가르치고, 모든 존재에 집착하는 이에게는 공(空)의 법문을 가르치고, 게으른 이에게는 정진하도록 가르치고, 잘난 체하고 남을 업신여기는 마음을 가진 이에게는 평등관을 가르치고, 마음이 삐뚤어진 이에게는 보살의 마음은 고요하여 아무것도 없음을 가르치는 것이지요. 이와 같이 일체의 번뇌나 어리석음을 가진 사람들에게 그것을 극복하는 방법을 가르치는 이가 바로 보살입니다.

여기서 보살의 실천법인 청정한 십바라밀(十波羅蜜)이 설해집니다.

'바라밀(波羅蜜)'은 산스크리트 'Paramita(파라미타)'를 한문으로 음역한 말로, '도피안(到彼岸)'이라는 뜻입니다. 즉, 피안

(彼岸)에 이르는 것을 의미하지요. 여기서 피안이라 함은 현실이 두려워서 도피하는 장소가 아니라, 산란하고 불안한 마음을 떠난 고요한 세계를 말합니다. 현실이 두려워서 도피한 사람은 정작 그 두려움 자체를 피할 수는 없습니다. 불교에서 제시하는 바라밀 수행은 그런 두려움을 제거하는 수행법입니다.

기본적으로 보살의 수행은 육바라밀이지만, 화엄에서는 십바라밀을 이야기합니다. 십바라밀은 또한 보살 수행의 십주(十住)와 밀접한 관계가 있으므로 이해가 쉽도록 다음과 같이 도표로 만들어 보았습니다.

십바라밀(十波羅蜜)	내용	십주(十住)
보시(布施)바라밀	탐착(貪着)의 마음을 버리고 만족을 알도록 함	초발심주 (初發心住)
지계(持戒)바라밀	영원히 아만(我慢)을 버리게 함	치지주 (治地住)
인욕(忍辱)바라밀	마음이 고요하여 동요하지 않도록 함	수행주 (修行住)
정진(精進)바라밀	게으름을 떨치고 일체 지혜의 문을 만족하게 함	생귀주 (生貴住)
선정(禪定)바라밀	오욕의 대상에 탐착하지 않고 차제정(次第定 사선팔정 수행의 하나)을 성취해 대위신력과 모든 삼매문을 성찰하게 함	구족방편주 (具足方便住)
반야(般若)바라밀	편견을 버리고 일체지지(一切智知) 법문에 들어가게 함	정심주 (正心住)

방편(方便)바라밀	중생 교화에 싫증이나 짜증을 내지 않고, 모든 중생을 제도하되 거기에 집착하지 않게 함	불퇴주 (不退住)
원(願)바라밀	일체중생을 성취케 하고, 세계를 장엄하며 지혜롭게 공양하기 위해 미래겁의 지혜에 머물러 일체 신념(信念)을 알고, 일체지(一切智)에 머물게 함.	동진주 (童眞住)
역(力)바라밀	깊은 심력(心力)과 신력(信力), 대자비력(大慈悲力)을 갖추어 일체 중생을 만족시키고, 믿고 이해하고 받아들이게 함.	법왕자주 (法王子住)
지(智)바라밀	탐진치(貪瞋痴)의 행을 알고, 일체법의 진실을 알고, 여래의 힘을 알아서 널리 법계를 깨닫게 함	관정주 (灌頂住)

보살은 이와 같이 모든 바라밀이 원만해질 때 중생이 원하는 대로 교화할 수 있고 완전한 세계에 들어갈 수 있습니다.

이로써 제3회 설법을 마치신 부처님은 여전히 몸은 법보리장에 머무신 채 천상의 야마천으로 올라가십니다.

야마천궁

제4회의 설법은 총 4품으로 야마천궁에서 이루어집니다.
야마천에 오르신 부처님은 야마천궁의 보장엄전에서
그 자리에 모인 대중들과 함께 하셨는데, 공덕림보살이 부처님의
신통력을 이어받아 보살선사유삼매(菩薩善思惟三昧)에 들어
십행(十行) 법문을 설하고 있습니다.
이 법회는 유심설(唯心說)이 중심이 됩니다.

🧘 야마천(夜摩天)

　야마천은 허공에 구름처럼 집합되어 있는 천국을 말합니다. 이러한 구름 덩어리는 바람이 유지(有持)시켜 주며, 그 땅의 바탕(地根)을 유지시켜 주는 것은 물이라고 합니다. 야마천을 다스리는 이는 모수루타천왕(牟修樓陀天王)으로, 야마천에 사는 천인들을 통치하고 보살펴 줍니다. 모수루타천왕은 그 몸에 광채가 많아 수백 유순(由旬 소달구지가 하루에 갈 수 있는 거리) 밖에까지 빛나고, 신장과 몸무게도 제석천왕보다 수천 배나 더 거대하다고 합니다.

　야마천에는 32종의 별지(別地)가 있는데, 이들 별지에는 천인들의 오락과 유희를 위한 모든 시설이 갖추어져 있습니다. 또한 야마천은 청정(淸淨), 무구(無垢), 대청정(大淸淨), 내상(內像)과 같은 수려한 사대산(四大山)과 칠보탑 등 장엄물로 둘러싸여 있습니다.

　야마천인들은 이러한 장엄물을 관광하고, 저절로 나타나는 천식(天食)을 먹으며 한없는 복락을 누린다고 합니다. 특이할 만한 것은, 이곳에는 모수루타천왕과 더불어 타락하기 쉬운 천인들을 교화하는 대자대비의 공작왕보살(孔雀王菩薩)이 거주하고 있다는 사실입니다.

　비록 지금은 천국에 있다 할지라도 천인들이 복락에만 탐닉하고 수행을 하지 않아 과거에 닦아 놓았던 선업(善業)이 다하면 다시 아래 단계의 천성계 또는 인간계, 심지어는 지옥 등의 삼악도(三惡途)에까지 떨어질 수 있기 때문입니다. 이는 야마천에만 해당되는 것이 아니고, 다른 천국에서도 마찬가지라고 합니다. 그 퇴천(退天)의 상태는 매우 다양합니다.

　천국에는 우리 인간계와 같이 심한 고통은 없다고 합니다. 그러나 복락에만 탐닉하여 천국에서 하락하게 되면, 그 수치심으로 인하여 마음속 깊이 고통스러운 반성을 하기도 한답니다.

19. 야마천에 오르신 부처님 – 승야마천궁품

부처님께서는 보리수 아래와 수미산 꼭대기를 떠나지 않으시고 야마천궁에 오르십니다. 「승야마천궁품(昇夜摩天宮品)」은 야마천왕이 부처님 공덕과 야마천궁의 길상(吉祥)함을 노래(偈)로 찬탄한 내용입니다.

부처님께서 야마천궁의 사자좌에 앉으시자, 야마천왕이 과거 부처님들이 선근을 심었던 것을 회상하면서 게송을 읊습니다. 그 보연화장사자좌는 과거세에 열 분의 부처님이 법을 설하셨던 곳이고, 가장 귀한 선근을 심은 곳이기도 합니다. 이러한 과거의 인연으로 인하여 그곳은 가장 길상한 곳이요, 가장 축복받은 곳이요, 가장 아름다운 곳인 것입니다.

20. 마음이 곧 부처다 – 야마궁중게찬품

「야마궁중게찬품(夜摩宮中偈讚品)」은 제4회 법회의 핵심인 십행(十行)의 서론에 해당되며, 불교의 '마음(唯心)' 철학이 설해진 것으로 유명합니다.

다음은 각림보살이 노래한 '유심게(唯心偈 혹은 如心偈)'입니다. 이 '유심게'는 지옥을 사라지게 하는 노래로도 알려져 있습니다.

만일 누구라도
삼세의 모든 부처님을 알고자 한다면
응당 법계의 본성을 관찰하라
모두 다 오직 마음이 만든 것이로다

마지막 구절의 '모두 다 오직 마음이 만든 것이다', 즉 일체유심조(一切唯心造)야말로 불교 유심철학의 핵심입니다. '마음이 곧 부처'라는 즉심시불(卽心是佛) 같은 선(禪)의 용어들이 『화엄경』에 근거를 두고 있는데, '모든 것은 마음에서 만들어지는데 그 마음은 어디로 갑니까?'라는 화두(話頭) 역시 그렇습니다.

전체를 분석하고 요소로 나누어 기계적으로 설명하는 현대의 사고방식에 '오직 마음뿐'이라고 말하는 유심(唯心)·유식(唯識)은 받아들이기 어려운 사상으로 들릴 수도 있습니다. 사실

유식 사상은 보통 사람들에게 '모든 것이 마음먹기 나름이고, 안 되는 일도 되게 하는 것이 마음이니 힘내고 열심히 일하자!'는 식으로 이해되고 있습니다. 물론 유식이 사람들의 그러한 일반적 이해를 완전히 떠나 존재하는 사상은 아닙니다.

하지만 그렇게 실용적으로만 생각하면 유식 본래의 심오한 의미를 상실하게 됩니다. 유식은 수행자들의 오랜 경험과 통찰의 산물이며, 많은 수행자들이 유식을 수행함으로써 해탈(解脫)에 이르렀습니다. 유식은 인간의 삶이 얼마나 신비로운 것인가를 일깨우고, 우리의 정신이 육체라는 제한된 공간을 떠나 전 우주와 접촉할 수 있는 길을 마련해 준 사상이기도 합니다.

그럼 이제 유심의 의미를 좀 더 자세히 살펴볼까요?

'삼계유심(三界唯心)'이란 말이 있습니다. 삼계(三界)란 욕망의 세계인 욕계(欲界), 물질의 세계인 색계(色界), 물질을 뛰어넘는 세계인 무색계(無色界)를 말합니다. 유심(唯心)이란 '단지 마음일 뿐'이라는 의미이므로, '삼계도 오직 마음이 만든 것일 뿐'이라는 뜻입니다. 여기에서 말하는 '마음'은 기본적으로 우리들이 평소에 가지고 있는 마음, 또는 정신이라고 이해해도 무방합니다.

마음(心)의 탐구는 대승불교 가운데 유가행파(瑜伽行派)에서 깊이 고찰하였는데, 여기서 완성된 이론의 하나가 팔식설(八識說)입니다. 8식 가운데 중요한 것은 잠재의식인 아뢰야식이고, 제7식인 말나식은 이 아뢰야식에 의존해서 존재하는 것이므로 자아의식(自我意識)이라고 합니다. 이 가운데 잠재의식, 즉 제8 아뢰야식이 우리의 행동과 생존의 기반이 된다고 말합니다.

유가행파(瑜伽行派)란?

유가행파는 인도에서 성립된 대승불교 종파로, 대승불교 사상의 기초를 확립했다. 유식파(唯識派), 유식종(唯識宗), 유가행유식학파(瑜伽行唯識學派), 유식유가행파(唯識瑜伽行派), 유가불교(瑜伽佛敎)라고도 불린다.

유가행파는 호흡을 조정하고 마음을 가다듬어 정리(正理)와 상응(相應)하려고 하는 유가행(瑜伽行 요가)의 실천을 행한다. 그리고 그 체험을 바탕으로 새로운 심식(心識)의 사고방식을 도입함으로써 일체의 존재는 심식의 변전이며, 심식만이 실재라고 보는 '유식설(唯識說)'을 세워 대승의 교리적인 발전을 성취하였다. 『해심밀경(解深密經)』은 유가행파의 근본 경전이다.

팔식설(八識說)이란?

팔식설은 우리의 마음이 여덟 가지 구조로 되어 있다는 주장으로, 마음에 대한 연구 중 가장 깊이 있는 것으로 알려져 있다. 팔식설에 따르면, 인간의 의식은 전오식(前五識 감각적 의식으로 오감을 말함-5식), 의식(意識 일상적 사고-6식), 말나식(末那識 자아의식-7식), 아뢰야식(阿賴耶識 잠재의식-8식)으로 구성되어 있다고 한다.

유가행파에서는 '유식무경(唯識無境)'이라고 하여 '마음이 세계를 만든다'고 말합니다. 이는 우리들 한 사람 한 사람이 각각 자기의 의식세계를 만들고, 그 의식세계 속에서 사물을 인식하고 행동한다는 사실을 단적으로 표현한 것이라고 할 수 있습니다.

이러한 유심(唯心)·유식(唯識)을 철학적 입장에서 본다면 '객관 세계는 실체가 없는 환상과도 같은 것'이라고 할 수 있습니다. 이는 '사물에 실체가 없다(無我, 無自性)'고 하는 대승의 입장이기도 합니다. 화엄교학을 성립한 법장(法藏) 스님도 '유심(唯心)'을 절대적인 부처님 마음, 절대적인 진실이라고 말씀하셨습니다.

여기에 각림보살게(覺林菩薩偈) 전문을 소개합니다.

마음속에 그림 없고
그림 속에 마음 없지만
그러나 마음을 떠나서
그림을 찾을 수도 없나니

저 마음 항상 머물지 않고

한량없고 헤아릴 수 없어

온갖 빛깔 나타내지만

각각 서로 알지 못한다네

마치 화가가

자기의 마음은 알지 못하지만

마음으로 그림을 그리는 것처럼

모든 법의 성품도 그러하네

마음은 화가와 같아서

능히 모든 세간을 그려내고

오온(五蘊-色受想行識)도 이 마음 따라 생기나니

만들지 못하는 법이 없다네

마음과 같이 부처님도 그러하고

부처님과 같이 중생(衆生)도 그러하니

부처님과 마음, 그 본성이 모두 한량없음을

마땅히 알아야 한다네

만약 누구라도 마음이
모든 세간을 만드는 줄 안다면
그는 부처를 보아
부처의 참 성품을 알게 되리라

마음은 부처 몸에 있지 않고
몸도 마음에 있지 않으나
불사(佛事)를 능히 지어 그 자재함이
일찍이 없었던 귀한 일이로다

만일 누구라도
삼세의 모든 부처님을 알고자 한다면
응당 법계의 본성을 관찰하라
모두 다 오직 마음이 만든 것이로다

🧘 동아시아 불교에서의 心

　동아시아 불교에서는 유심(唯心)·유식(唯識)을 형이상학적 진실이라고 보고, 그 현상으로서의 현실을 파악하려고 하는 경향이 있습니다.

　예를 들면, 마조도일(馬祖道一) 선사의 '평상심시도(平常心是道)'라는 화두가 있습니다. 일반적으로 '평상심(平常心)'은 '안정된 마음'을 의미하며, 어떠한 일에 부딪치더라도 동(動)하지 않는 마음, 곧 '부동심(不動心)'과 비슷한 의미로 쓰입니다. 혹은 우리 일상생활 속의 갖가지 감정과 생각을 '평상심'이라고 부르기도 합니다.

　다시 말해서, 슬플 때는 울고 기쁠 때는 웃는 마음 상태를 모두 '평상심'이라고 하고, 그러한 마음 하나하나가 다 '도(道)'를 나타낸다고 보는 것입니다.

　그렇다면 '도(道)'란 무엇일까요?

　'도(道)'는 중국 불교 혹은 동아시아 불교를 사상사적인 입장에서 생각할 때 가장 중요한 용어입니다. 일단은 '진리'라고 번역해도 무방하겠지만, 우리는 자주 '도(道)'를 '무(無)'라는 말로 바꿔 듣습니다.

이때 '무(無)'라고 하는 것은 유무(有無)의 무가 아니며, '아무 것도 없다'는 의미도 아닙니다. 우리들의 눈에는 보이지도 않고 들리지도 않으므로 '무'라고 표현할 수밖에 없으나, 확실하게 존재하는 어떤 것을 말합니다.

마조도일 선사도 그러한 근원적인 진리가 나타나 있는 일상 적인 하나하나의 마음을 모두 도(道)라고 파악한 것입니다. 이 처럼 동아시아 불교에서는 '마음'을 일상의 그 자리에 '실재하 는 형태'로 파악하고 있습니다.

21. 보살의 열 가지 실천 – 십행품

「십행품(十行品)」은 제4회 법회의 본론으로, 보살의 열 가지 행(行)을 설하고 있습니다.

「십주품」에서 보살의 마음의 경지를 나타내었다면,「십행품」에서는 그 마음이 온전히 드러난 실천에 대해서 말합니다. 마음과 실천을 확정적으로 구분하는 태도는 주로 자신의 실천을 정당화시킬 때가 많습니다. 마음은 그렇지 않은데 상황이 여의치 않아 그런 행동을 했다고 변명합니다.

하지만 진정 지혜로운 사람은 자신의 마음과 실천을 자연스럽게 연관시키는 방식을 압니다. 우리의 실천은 육체에 갇힌 것이 아니라 다른 사람을 향해 열려 있기 때문에 언제든 심사숙고해야 합니다.「십행품」은 불자들에게 어떻게 행동해야 할지를 가르쳐주고 있습니다.

이제 십행(十行)을 하나씩 살펴볼까요? 보살이 중생을 제도할 때 가져야 하는 마음가짐과 실천법을 말하는 십행은 십바라밀(十波羅蜜)과도 밀접한 관련이 있습니다.

1) 환희행(歡喜行)

환희행은 보람을 느끼고, 기쁨으로 하는 실천을 말합니다. 누군가를 도와줄 때는 기쁜 마음, 즐거운 마음으로 해야 하는 것이 보살의 마음가짐입니다. 보시(布施)바라밀과 관련이 있습니다.

중생들이 모두 와서 구걸하는 것을 본 보살은 더욱 환희하여 이렇게 생각합니다.

"나는 지금 좋은 이익을 얻었도다. 이 중생들은 나의 복전(福田)이며 나의 선지식이니, 구하지도 않고 청하지도 않았지만 일부러 와서 나로 하여금 불법 가운데 들게 하는구나. 나는 마땅히 이렇게 배우고 닦아서 모든 중생의 마음을 어기지 아니하리라."

2) 요익행(饒益行)

요익행은 나와 중생을 이롭게 하는 실천을 말합니다. 계율을 지키고, 일체지(一切智)에서 물러나지 않으며, 정각(正覺)을 얻어 중생들의 이익과 안락을 위해 노력하고, 또한 해탈(解脫)·열반(涅槃)에 들게 하기 위해 노력하는 실천입니다. 지계(持戒)바라밀과 관련이 있습니다.

온갖 것에 조금의 집착도 없고, 다만 청정한 계율을 견고하게
지키면서 보살은 생각합니다.

"나는 청정한 계율을 가짐으로서 반드시 온갖 얽힘(纏)과
속박(縛), 탐심과 산란함, 모든 재난의 핍박과 훼방을 버리고,
부처님께서 찬탄하시는 평등한 정법(正法)을 얻으리라."

3) 무위역행(無違逆行)

무위역행은 고통을 참고 중생을 거스르지 않는 실천을 말합
니다. 보살은 사물의 이치에 수순(隨順 순순히 따름)하고 인내하
며, 중생을 거스르지 않아야 합니다. 원망하는 마음이나 미워하
는 마음 따위는 버리고, 어떠한 일이라도 인내하면서 실천해야
합니다. 인욕(忍辱)바라밀과 관련이 있습니다.

보살은 항상 인욕하는 법을 닦으며 생각합니다.
"나는 마땅히 중생에게 법을 말하여 그로 하여금 모든 나쁜
짓을 여의고, 탐욕·성내는 일·어리석음·교만·감추는 일·

간탐·질투·아첨·속임을 끊게 하고, 부드럽게 화평하여 참고 견디는 데 항상 머물게 하리라."

4) 무굴요행(無屈撓行)

무굴요행은 유혹에 굴하지 않는 실천입니다. 물러나거나 굽히는 일 없이 끊임없이 수행 정진하는 것을 말합니다. 정진(精進)바라밀과 관련이 있습니다.

오직 일체 번뇌를 끊기 위하여 정진을 행하고, 일체 의혹의 근본을 뽑기 위하여 정진을 행하고, 일체 중생의 번뇌를 알기 위하여 정진을 행하고, 일체 중생의 마음이 원하는 것을 알기 위하여 정진을 행하고, 일체 법계(法界)를 알기 위하여 정진을 행하고, 일체 불법의 근본 성품을 알기 위하여 정진을 행하고, 일체 불법(佛法)의 평등한 성품을 알기 위하여 정진을 행하고, 삼세(三世)의 평등한 성품을 알기 위하여 정진을 행하고, 일체 불법의 지혜를 증득하기 위하여 정진을 행하고, 일체 불법의 끝닿는 데 없음을 알기 위하여 정진을 행하고, 일체 불법의 광대하고 공교한 지혜를 얻기 위하여 정진을 행하는 것입니다.

5) 무치란행(無癡亂行)

무치란행은 지혜와 고요함을 갖춘 실천을 말합니다. 치(癡)는 어리석음이고 란(亂)은 산란함이니, 무치란행은 마음이 맑아지고 깨끗해지는 실천입니다. 정혜(定慧)가 바르고 밝아서 어리석음과 어지러움에서 벗어나는 행을 뜻하지요. 선정(禪定)바라밀과 관련이 있습니다.

바른 생각을 성취하여 마음이 산란치 않고 견고하여 동하지 아니하며, 최상이고 청정하고 넓고 크고 한량없어 미혹하지 않는 것입니다. ……말할 수 없는 겁 동안 보살행을 닦으매 마음이 우치하고 산란치 않습니다.

6) 선현행(善現行)

선현행은 마음을 비워 진리를 드러내는 실천입니다. 공(空)의 이치를 바르게 잘 살피는 지혜로운 실천을 말합니다. 지혜로워야만 중생을 이끌 수 있기 때문입니다. 반야(般若)바라밀과 관련이 있습니다.

보살은 실제와 같은 마음에 머물러 한량없는 마음의 성품을 알며, 온갖 법의 성품을 알지만 얻는 것도 없고 형상도 없고, 매우 깊어 들어가기 어려우며, 바른 자리(正位)인 진여의 법성(法性)에 머물러서 방편을 내지만 업보(業報)가 없는 것이어서 나지도 않고 멸하지도 않는다. 보살은 열반계에 머물고 고요한 성품에 머물고 진실하여 성품이 없는 성품에 머무르며, 말로 표현할 수도 없고 세간(世間)을 초월하여 의지한 데가 없는 데 머문다.

보살은 분별을 여의어 속박이 없는 법에 들어갔으며, 가장 뛰어난 지혜의 진실한 법에 들어갔으며, 세간으로는 알 수 없는 출세간법(出世間法)에 들어간다. 이것이 반야지혜로 보살이 나타나는 모습이다.

7) 무착행(無着行)

무착행은 집착하여 머무르지 않는 실천입니다. 보살이 집착 없는 마음으로 중생을 성숙하게 하고, 청정한 보살도를 행하도록 이끄는 것을 말합니다. 방편(方便)바라밀과 관련이 있습니다.

수없는 부처님을 뵙되 부처님에게 집착하는 마음이 없으며, 모든 부처님 세계에도 집착하지 않고, 불법을 듣고는 환희한 마음을 내고 뜻과 힘이 광대하여 모든 보살의 행을 능히 행하면서도 부처님 법에 집착함이 없습니다.

보살이 이렇게 법계에 깊이 들어가 중생을 교화하되 중생에게 집착하지 않고, 모든 법을 받아 지니되 모든 법에 집착하지 않고, 부처님 국토에 머물기는 하되 부처님 국토에 집착하지 않고, 버리고 갈 적에도 그리워하지 아니합니다.

8) 난득행(難得行)

난득행은 큰 서원으로 성취하는 실천입니다. 보살이 서원을 세워 그 힘으로 얻기 어려운 선근(善根)을 성취하고, 중생을 위해 보살도를 닦아 중생들을 피안(彼岸)에 이르게 하는 것을 말합니다. 원(願)바라밀과 관련이 있습니다.

부처님 보리에서 넓고 큰 이해를 얻고, 보살의 서원에 조금도 쉬지 아니하고, 일체 겁(劫)이 다하여도 게으른 마음이 없으며, 모든 고통에 싫은 생각을 내지 않고, 모든 보살의 고행(苦行)을 구비하여 행하고, 보살의 행을 닦되 꾸준하여 게으르지 아니하며, 대승에 대한 확신에서 물러나지 아니합니다.

9) 선법행(善法行)

선법행은 모든 장애를 극복하는 실천입니다. 속박이나 장애를 받지 않는 보살의 자재(自在)한 실천을 말합니다. 역(力)바라밀과 관련이 있습니다.

보살은 청정한 광명 다라니를 얻었으므로 법(法)을 말하고 수기(受記)하는 변재(辯才)가 다함이 없으며, 뜻을 구족한 다라니를 얻었으므로 뜻을 말하는 변재가 다함이 없으며, 실상법을 깨닫는 다라니를 얻었으므로 법을 말하는 변재가 다함이 없으며, 남을 의지하지 않고 깨닫는 다라니를 얻었으므로 광명 변재가 다함이 없으며, 끝이 없이 돌아가는 다라니를 얻었으므로 끝이 없는 변재가 다함이 없습니다.

10) 진실행(眞實行)

진실행은 원만(圓滿)한 실천으로, 어떠한 일이 있어도 결코 중생을 버리지 않는 진실한 실천을 말합니다. 자신에게 가장 큰 이익인 해탈보다도 중생을 더 중요하게 생각하기 때문에 중생들의 무한한 신뢰를 받는 실천입니다. 지(智)바라밀과 관련이 있습니다.

> 내가 만일 일체 중생으로 하여금 위없는 해탈도에 머물게 하지 못하고 내가 먼저 아뇩다라삼먁삼보리(최상의 진리)를 이룬다면, 이것은 나의 본래의 원(本願)을 어기는 것이니 마땅하지 못한 일이다. 그러므로 반드시 먼저 일체 중생들로 하여금 위없는 보리와 무여열반(無餘涅槃)을 얻게 한 뒤에 성불할 것이니라.

그렇다면 우리는 어떻게 이 열 가지 보살의 행을 성취할 수 있을까요?

우리가 무엇을 실천하려고 할 때 종종 이렇게도 저렇게도 하기 어려운 상황에 갇히게 되는 경우가 있습니다. 실천은 구체적인 상황 속에서 벌어지는 행동이므로 필연적으로 어떤 한계를 가질 수밖에 없기 때문입니다. 그리하여 실천을 할 때는 어떤 의도와 방향을 가진 한 가지 실천만 가능할 때가 많습니다.

그러나 보살의 열 가지 실천(十行)은 한 가지만 행하고 다른 아홉 가지를 포기하는 실천, 단계적으로 하는 실천이어서는 안 됩니다. 십행 모두를 똑같이 성취할 수 있도록 끊임없이 노력해야 합니다.

「십무진장품(十無盡藏品)」에서 바로 이 문제에 대한 답을 설하고 있습니다.

22. 보살의 실천의 근거 – 십무진장품

'십무진장(十無盡藏)'의 무진(無盡)은 '영원히 고갈되지 않는 것이 마치 샘물이 마르지 않는 것과 같다'는 뜻으로, 끊임없이 정진함을 말합니다. 우리 내면의 심연 속에는 다음과 같은 열 개의 창고(藏), 열 개의 종자, 열 개의 실마리(端)가 있다고 합니다. 덕분에 우리는 쉼 없이 정진할 수 있는 것입니다.

공덕림보살은「십무진장품(十無盡藏品)」에서 열 가지 끝없는 공덕의 저장고(無盡藏)를 설하시며, 보살들로 하여금 무상보리를 성취케 하는 것으로 제4회의 법문을 마칩니다. 열 가지 무진장의 내용은 다음과 같습니다.

① 신장(信藏)은 불교에서 말하는 무상(無常)·무생(無生)을 믿는 것, 공(空)의 진실을 믿는 것입니다. 믿음은 모든 도의 기본이며 으뜸입니다.

② 계장(戒藏)은 열 가지 청정한 계율을 지키는 것입니다.

③ 참장(懺藏)은 스스로 부끄러워하는 것입니다. 삼독심(三毒心)이나 거짓 등을 뉘우치는 것입니다. 삼독심이란 '번뇌를 일으키는 독약과 같은 마음'이란 뜻으로, 탐욕(貪)과 분노(嗔) 그리고 어리석은 마음(癡)을 말합니다.

④ 괴장(愧藏)은 악을 부끄러워하는 것입니다. 자기만족을 못하고, 재물·처자 따위를 탐하는 마음을 부끄러워하는 것입니다.

⑤ 문장(聞藏)은 부처님 교법을 많이 듣는 것입니다. 늘 교법이 행해지는 곳을 찾아 가르침을 들음으로써 법을 익히고

이해하는 것을 말합니다.

⑥ 시장(施藏)은 베푸는 것, 보시를 말합니다. 평등한 보시, 안으로 보시하는 것, 밖으로 보시하는 것, 안팎으로 보시하는 것, 과거·현재·미래에 보시하는 것, 끝까지 보시하는 것, 최후까지 보시하는 것, 일체를 보시하는 것 등 열 가지 보시를 말합니다. 이 가운데 최후의 보시란 자기 목숨까지도 보시하는 것을 말합니다. 설산동자가 법을 구하기 위해 자기 목숨을 던지는 행위 같은 것이지요. 밖으로 하는 보시란 재물 등을 주는 것, 안으로 하는 보시란 자신의 장기 등을 남에게 주는 일을 말합니다.

⑦ 혜장(慧藏)은 사물의 진실한 모습을 바로 보는 지혜를 내게 하는 것입니다.

⑧ 염장(念藏)은 모든 부처님의 법을 바르게 생각하는 것입니다.

⑨ 지장(持藏)은 모든 부처님의 가르침을 올바르게 듣고, 잊지 않고 새기는 것입니다.

⑩ 변장(辯藏)은 중생을 위해서 바르게 가르침을 펴는 것, 말을 잘하는 것, 법을 바르게 이해할 수 있도록 올바르고 재

미있게 표현해 중생이 잘 받아들여 환희심을 낼 수 있도록 하는 것입니다.『금강경』에서도 사구게(四句偈) 한 구절만 잘 설해도 그 공덕이 무엇보다 크다는 것을 누누이 밝히고 있습니다.

이와 같이 끊임없는 정진을 통해 우리는 열 가지 무진장한 창고에서 영원한 진실을 꺼낼 수 있습니다. 이 십무진장은 앞서 말한 십행의 법을 이루고, 다음에 올 십회향(十回向)의 법을 이루어 나아가게 합니다.

도솔천궁

제5회 설법은 도솔천에서 이루어집니다.

도솔천은 미륵보살이 계시는 하늘로,

『미륵경』에서는 도솔천이 바로 극락세계입니다.

『아미타경』에서는 서방정토가 극락세계이고,

『화엄경』에서는 연화장세계가 극락이며,

『약사경』에서는 약사유리광세계가 극락입니다.

이처럼 경전에 따라 극락세계는 다르게 표현되어 있지만.

그 내용은 같다고 하겠습니다.

도솔천궁에서는 3개의 품이 설해집니다.

🧘 도솔천(兜率天)

미륵불이 있는 도솔천은 수미산의 꼭대기 위에 있습니다. 도솔은 '만족시킨다'는 뜻으로 한자로는 '지족천(知足天)'으로 번역되기도 합니다. 이곳에 사는 사람(천인)들은 재물욕·명예욕·식욕·수면욕·색욕 등 다섯 가지 욕심을 마음껏 누리며 만족(知足)한 삶을 누린다고 합니다.

도솔천은 외원궁과 내원궁의 두 곳으로 나누어져 있습니다. 외원궁은 천인들이 즐거움을 누리며 살아가는 곳이고, 내원궁은 미륵보살이 중생을 교화하기 위해 지상에 내려올 때를 기다리며 깊이 생각에 잠겨 있는 곳입니다. 사실 도솔천에는 미륵보살만 있는 것은 아닙니다. 사바세계로 내려오는 모든 부처와 보살이 이 도솔천에 머물면서 성불한다고 합니다.

도솔천은 알게 모르게 우리들에게 친숙한 곳이기도 합니다. 신라 향가 중「도솔가」는 바로 이 도솔천을 노래한 것입니다.

> 오늘 이에 산화가를 불러 뿌린 꽃이여
> 너는 곧은 마음의 명받아 미륵좌주를 모셔라

경덕왕 때 해가 한꺼번에 두 개가 나타나 열흘 동안 없어지지 않자, 왕은 일관을 불러 이 해괴한 일을 물었습니다. 그러자 일관은 '먼저 인연이 닿는 스님이 꽃을 뿌리며 하늘에 정성을 드리면 재앙이 물러갈 것'이라고 아뢰었습니다. 이때 월명(月明) 스님이 '도솔가'를 지어 모두에게 부르게 하자 해가 없어졌다고 합니다.

임금이 고마움의 예로 차 한 봉지와 수정염주를 주었더니, 한 어린아이가 나타나 차와 수정염주를 가지고 내원탑 안으로 들어가 사라졌습니다. 나중에 보니 차와 수정염주가 내원탑 남쪽 벽화에 그려진 미륵상 앞에 놓여 있었다고 합니다. 월명 스님의 간절한 기도가 받아들여져 미륵보살이 감응(感應)하였던 것입니다.

이 이야기가 현대로 넘어오면, 도솔천은 춘향이가 죽어서 가는 곳이기도 합니다. 서정주가 쓴 「춘향유문」을 보면, 춘향은 죽어서 도솔천에 태어나기를 기원하고 있습니다.

도련님 안녕히 계세요.
지난 5월 단오, 우리 처음 만나던 날

우리 둘이 함께 섰던 그늘 밑

그 무성하고 푸르던 나무같이 늘 안녕히 계세요.

저승이 어딘지는 뚝뚝히 몰라도,

춘향의 사랑보다 더 먼 땅은 아닐 것입니다.

천 길 땅 밑을 검은 물로 흐르거나

도솔천의 하늘을 구름으로 날더라도

그건 결국 도련님 곁 아니겠어요?

더구나 그 구름이 소나기 되어 퍼부을 때

춘향은 틀림없이 거기 있을 거예요.

이렇게 춘향이 죽음 앞에서도 초연할 수 있었던 것은 저승(도
솔천)이 자신의 사랑보다 먼 나라가 아니라고 생각했기 때문입
니다. 춘향의 사랑은 죽음의 세계조차도 품에 안고 있습니다.
춘향의 사랑이 이렇게 생사와 시공을 초월하여 나타나 있음에
도 불구하고 우리가 조금도 어색하게 느끼지 않는 것은, 그만큼
우리의 사고와 맞아떨어진다는 말일 것입니다. 춘향은 죽어서
지옥에 떨어지든 극락세계인 도솔천에 올라가든 언젠가는 다
시 이승으로 돌아올 것이라고 말합니다.

흔히 우리가 얘기하는 윤회 사상입니다. 인간이 살아가는 이 곳과 저승은 다른 것이 아니라, 서로 깊이 연결되어 있다고 했는데도 자연스럽게 받아들여지는 것입니다. 겉으로는 이러한 생각들을 부정하면서도 마음 깊은 곳에서는 저승관과 내세관을 믿고 있기 때문은 아닌지 모르겠습니다.

도솔천궁은 일곱 가지 보석(七寶)으로 장식되어 아름다운 빛이 넘치고, 그 속에서 천녀(天女)들이 갖가지 악기를 뜯으며 노래 부르고 자유롭게 춤추며 날아다닌다고 합니다. 천녀들은 감로수를 먹고 살기 때문에 4천 살까지 사는데, 도솔천의 하루는 인간 세상의 400년에 해당한다고 합니다.

23. 도솔천에 오르신 부처님 – 승도솔천궁품

부처님께서는 보리수 아래와 수미산과 야마천궁을 떠나지 않으시고 도솔천으로 올라가셨습니다. 부처님께서 보배로 장엄한 궁전으로 나아가자, 도솔천왕은 마니장사자좌를 베풀고 부처님을 영접합니다. 이 자리는 과거 광지 부처님, 보한 부처님, 삼호 부처님, 노사나 부처님, 일조 부처님, 무변광 부처님, 법당 부처님, 법지등 부처님, 공덕광 부처님 등의 부처님께서 수행하시고 선근을 쌓으신 자리이기도 합니다.

「승도솔천궁품(昇兜率天宮品)」에서는 도솔천궁에 모인 이들이 부처님을 찬탄하며 노래하고 있습니다.

　　부처님께서 세상에 오시는 것 만나기 어려운데
　　제가 지금 일체지를 갖추신 분 친견했네
　　진리에 걸림 없고 평등한 정각을 이루신 분
　　이와 같이 사유하고 이와 같이 관찰하네

도솔천왕 또한 부처님을 찬탄합니다.

옛적 걸림이 없는 달과 같은 부처님 계셔

모든 길상(吉祥) 가운데 가장 수승하셨네

그 부처님 일찍이 보장엄전에 드시었으니

그러므로 이곳이 가장 길상하여라

24. 원융의 길, 회통의 길 – 도솔궁중게찬품

「도솔궁중게찬품(兜率宮中偈讚品)」에서는 도솔천에 오르신 부처님과 과거의 열 부처님의 공적을 찬탄하고 있습니다. 또한 금강당보살 등 열 보살이 각 세계의 보살들을 거느리고 와서 부처님을 친견하고 노래로 찬탄합니다.

금강당보살의 노래(偈頌) 가운데 『금강경』에 나오는 사구게와 유사한 내용이 있으니 잠시 비교해 보겠습니다.

몸이 부처님이 아니며

음성 또한 그러하네

그렇지만 몸과 음성을 떠나서는

부처님의 신통력을 볼 수 없다네

참고로 『금강경』의 사구게는 다음과 같습니다.

만약 모양으로 나를 보거나
음성으로 나를 구하면
그는 삿된 도를 행하는 것이니
절대로 부처님을 볼 수 없다네

『화엄경』과 『금강경』에서는 공통적으로 색신과 음성을 떠나 부처님을 볼 수 없다고 말합니다. 『금강경』이 부정의 논리라면, 『화엄경』은 변증법적 논리를 펴고 있습니다. 부정을 통해 긍정하고 다시 대긍정에 이르고 있는 것이지요.

『화엄경』은 통합하고 회통시키는 원리를 적용하는데, 이 화엄의 원융과 회통의 원리가 잘 나타난 것이 바로 '회향(回向)'이라는 용어입니다.

회향은 '돌이켜 향한다'는 뜻으로, 자신이 지은 공덕을 돌이켜 다른 사람에게 향하도록 하는 실천입니다. 쉽게 말하자면 나눔과 베품입니다. 회향은 나만 부처가 되겠다는 소승과 모두 부처가 되자는 대승을 통합하여 일승(一乘)을 향하게 하고, 자리(自利)와 이타(利他)를 통합하여 모든 중생을 구제하도록 이끕니다.

여기에 인과와 윤회가 있습니다. 각자가 지은 업(業)대로 과보를 받는다는 것이지요. 인과와 윤회만이 존재한다면, 돌이켜야 할 것도 없고 다른 대상 혹은 사람을 향할 필요도 없습니다. 각자가 스스로 열심히 정진하여 해탈에 이르면 그것으로 끝나는 것이기 때문입니다. 이것이 바로 성문(聲聞)과 연각(緣覺 홀로 깨달은 자), 즉 이승(二乘)의 생각입니다.

그러나 업(業)에는 스스로 짓는 업(個別業)뿐만이 아니라, 다른 사람의 업에 따르는 업(共業)도 있습니다. 아무리 홀로 정진한다 하더라도 다른 사람의 업 때문에 짓게 되는 업을 피할 수는 없는 노릇입니다. 인간인 이상 다른 생명체를 섭취하는 일을 피할 수 없고, 다른 사람의 노동력에 의지하고 있는 이상 그들이 파괴한 것에 대한 책임이 없다 말할 수도 없기 때문입니다. 성문과 연각은 열반에 이를 수 있지만, 남김 없는 완전한 열반(無餘涅槃)에 이르지는 못합니다.

한편, 대승(大乘)은 끊임없이 중생구제를 실천하도록 독려합니다. 그리하여 대승의 실천자들은 끊임없이 중생을 구제하기 위해 노력합니다. 그러나 정작 자신을 구제하지 못하는 것은, 구제해야 할 중생과 중생의 업이 무한히 존재하기 때문입니다.

이승의 입장에서는 수행자가 인과와 윤회를 인정하는 것만으로도 회향을 통해 완전한 열반에 이를 수 있다고 봅니다. 한편 대승의 입장에서는 모든 중생들이 서로서로의 끊임없는 회향을 통해 궁극적인 깨달음을 증득할 수 있다고 보는 것입니다.

이런 이승(二乘)과 대승(大乘)은 회향(回向)을 통해서 하나로 통합됩니다. 구제하는 사람과 구제받아야 할 중생이 따로 존재하는 것은 아닙니다. 내가 중생을 향해 회향한 만큼 중생도 나를 향해 회향하기 때문입니다.

그렇다면 이제 회향의 의미와 방법을 다양하게 제시한 「십회향품(十回向品)」을 통해 구체적으로 회향이란 어떤 것인가를 살펴보도록 합시다.

25. 공덕으로 진리를 행하는 열 가지 길 – 십회향품

십회향(十回向)은 십바라밀의 체(體), 곧 몸이라 할 수 있습니다. 보살들은 중생을 자기 몸으로 삼아서 자비행을 실천합니다. 바로 동체대비(同體大悲)입니다. 이것을 '천지는 동근(同根)이요, 만물은 한 가지(萬物齊同)'라고 표현하기도 합니다. 즉, 모든 존재들이 함께 살고 있으며 나와 한 존재라는 의미입니다.

그러므로 한 중생이라도 부처님 법을 모른다면 자각할 수 있도록 보살행을 실천해야 합니다. 이것을 청정한 행, 즉 범행(梵行)이라 부릅니다. 범행은 일체 중생을 안주시키기 위한 실천행입니다. 법보시를 행하는 것도 이러한 다함없는 법문으로 모두가 성불하여 안락을 성취토록 하는 데 있습니다. 바로 중생들을 부처님으로 보기 때문입니다.

회향은 '삼처회향(三處迴向)'이라고 하여 자기가 수행한 공덕을 돌이켜서 세 곳에 회향한다고 합니다. 첫째는 중생에게 회향하는 중생회향(衆生回向), 둘째는 선근으로 깨달음의 세계에 곧바로 들어가는 보리회향(菩提回向), 셋째는 형상·모양을 버리고 고요한 진여의 본체에 들어가는 진여실제회향(眞如實際回

向)이 그것입니다.

이를 더 발전시켜 나아가는 행(行)을 말한 것이 바로 십회향(十廻向)입니다. 회향(廻向)은 앞서 말한 십주(十住)와 십행(十行)을 포함하여, 위의 십지(十地)로 올라가는 방편입니다. 즉, 십회향 전체가 위로 향해 가는 덕(德)이 되는 것입니다.

금강당보살이 지광삼매(智光三昧)에 들어 부처님의 한량없는 지혜를 얻고, 그 삼매에서 일어나 열 가지 회향을 설하십니다.

1) 구호일체중생이중생상회향(救護一切衆生離衆生相廻向)

중생에 회향하면서도 중생을 구한다는 생각까지도 버리는 것이 보살이 가져야 할 마음가짐입니다. 중생을 구제하면서도 중생을 구한다는 생각마저 떠나는 것이지요. 모든 성품이 공(空)한 줄 알기에 모든 상을 떠나는 것입니다. 여기에는 모든 중생의 고통을 대신해 받는다는 대수고(代受苦)의 정신도 담고 있습니다. 자신의 마음을 돌려서 타인에게로 향하게 한다는 '회자향타(回自向他)'로 요약할 수 있으며, 십바라밀과 대비한다면 보시바라밀과 닿아 있습니다.

보살 회향의 근본 정신 열 가지는 다음과 같습니다.

168

① 집을 지어 보시하는 작사(作舍)

② 중생을 보호하는 작호(作護)

③ 모든 공포에서 벗어나 고요한 세계로 돌아가게 하는 작귀(作歸)

④ 일체 지혜의 세계로 나아가게 하는 작치(作致)

⑤ 고통에서 벗어나 항상 안락하고 편안하게 하는 작안(作安)

⑥ 지혜광명을 얻게 하는 작명(作明)

⑦ 횃불처럼 지혜가 불타오르게 하는 작거(作炬)

⑧ 항상 깨끗한 곳에 이르도록 등불이 되어주는 작등(作燈)

⑨ 진실한 법의 세계에 이르도록 이끌어주는 도사(導師)

⑩ 도사 가운데 위대한 도사, 그리고 대 지혜를 가지고 모든 중생을 인도하는 대도사(大導師)

2) 불괴회향(不壞廻向)

깨뜨릴 수 없는 굳건한 믿음을 얻어 그 선근을 중생에게 회향하는 것을 말합니다. 이는 작은 것을 버려서 큰 것을 얻게 한다는 '회소 향대(回小向大)'로 요약할 수 있습니다. 비록 선근이 적으나 널리 중생을 받아들여 환희심으로써 회향하는 것이지요.

보살이 얻는 깨뜨릴 수 없는 불괴(不壞)의 신심에는 열 가지가 있습니다.

① 부처님 계신 곳에서 굳건한 믿음을 얻음

② 모든 보살에게서 굳건한 믿음을 얻음

③ 일체 보살 선근을 수행하면서 굳건한 믿음을 얻음

④ 깊은 뜻을 발하면서 굳건한 믿음을 얻음

⑤ 중생을 수호하면서 굳건한 믿음을 얻음

⑥ 자비로운 눈으로 관찰하면서 굳건한 믿음을 얻음

⑦ 널리 무변광대한 선근을 지으면서 굳건한 믿음을 얻음

⑧ 일체 보살인 법사에게 선교방편에 대한 굳건한 믿음을 얻음

⑨ 부처님을 기쁘게 해드리기 위해 굳건한 믿음을 얻음

⑩ 부처님의 탑이나 절을 장엄하고 공양하기 위해, 일체 모든 불법을 보호하기 위하여 굳건한 믿음을 얻음

3) 등일체제불회향(等一切諸佛廻向)

모든 부처님께서 회향하시는 길을 따라 중생을 이롭게 하는 회향입니다. 인행(因行)은 부처님께서 과거생에 부처가 되기 위해 해온 일체의 실천을 말합니다. 보살은 모든 선근으로써 부처

님께 회향하고, 다시 이 선근으로써 일체 보살과 중생에게 회향한다는 '회자기인행 향타인행(回自己因行向他因行)'으로 요약할 수 있습니다.

여기서 보살의 원이 모두 성취되기를 바라는 것이 보살 회향입니다. 일체 중생이 선근을 얻고 불법에 의지하여 이고득락(離苦得樂)하기를 바라는 것이 중생 회향이요, 부처님처럼 안락을 얻게 되고 부처님들이 이 공덕을 이루게 되기를 기원하고 회향하는 것이 부처님께 회향하는 것입니다.

4) 지일체처회향(至一切處廻向)

선근 공덕의 힘으로 모든 곳에 이르게 하는 회향입니다. 원인을 돌이켜서 결과로 돌아가게 한다는 '회인 향과(回因向果)'로 요약할 수 있습니다.

보살이 회향할 때 가져야 하는 열 가지 마음은 다음과 같습니다.

① 어지럽지 않은 마음으로 회향하는 불란(不亂)회향

② 한결같은 마음으로 회향하는 일심(一心)회향

③ 자기 의지로 회향하는 자의(自意)회향

④ 존중하고 공경하는 마음으로 회향하는 존경(尊敬)회향

⑤ 흔들림 없는 마음으로 회향하는 부동(不動)회향

⑥ 머무는 것 없이 회향하는 무주(無住)회향

⑦ 의지하는 바 없이 회향하는 무의(無依)회향

⑧ 중생이란 마음 없이 회향하는 무중생심(無衆生心)회향

⑨ 조급해 하거나 경쟁심 없이 회향하는 무조경심(無躁競心) 회향

⑩ 고요하고 평화로운 마음으로 회향하는 적정심(寂靜心)회향

5) 무진공덕장회향(無盡功德藏廻向)

보살이 모든 선근(善根)을 회향하여 불국토를 아름답게 꾸미는 회향으로, 아직 수승하지 못한 것까지 돌려서 수승하게 만들겠다는 뜻의 '회열 향승(回劣向勝)'으로 요약됩니다. 이는 보살이 닦은 선근으로 모든 불국토와 모든 보살들을 충만시키기 위한 회향입니다. 이렇게 회향함으로써 허망한 아견(我見)으로부터 완전히 벗어날 수 있습니다. 회향할 때는 옳고 그름을 판단하는 모든 분별심(分別心)을 버려야 하는데, 그것이 또다시 선근이되어 무진장한 공덕이 됩니다.

열 가지 무진장은 다음과 같습니다.

① 부처님을 친견하는 득견불(得見佛)무진장

② 진리의 세계에 들어가는 득입법(得入法)무진장

③ 낱낱이 기억하는 득억지(得憶持)무진장

④ 사물을 제대로 판별하는 지혜를 갖는 득결정혜(得決定慧)
  무진장

⑤ 경전의 내용을 다 이해하는 지혜를 얻는 득혜의취(得解義
  趣)무진장

⑥ 깨달음을 얻는 득무변오혜(得無邊悟解)무진장

⑦ 복덕을 얻는 득복덕(得福德)무진장

⑧ 용맹한 지혜 얻는 득용맹지각(得勇猛智覺)무진장

⑨ 불법을 널리 퍼뜨릴 말재주를 얻는 득결정변재(得決定辯
  才)무진장

⑩ 열 가지 두려움이 없는 득십력무외(得十力無畏)무진장

6) 수순견고일체선근회향(隨順堅固一切善根廻向)

온갖 보시 등을 통하여 일체의 견고한 선근을 따르는 회향입
니다. 온갖 보시를 구족하게 행하며, 부처님의 정법을 보호 유

지하기 위해서는 어떤 고초라도 달게 받으며, 법을 구할 때는 모든 소유를 다 버리며, 항상 바른 법으로 중생들을 교화하여 선행을 닦고 악행을 버리게 하며, 중생들이 남을 해롭게 하는 것을 보면 자비심으로 구원하여 죄업을 버리게 합니다.

여기서 중요한 것은 모든 소유를 보시하는 것입니다. 중생에게 이익이 되는 일이라면 모든 것을 보시해서 중생을 만족시켜야 합니다. 비유를 들어 깨달음으로 향하게 하는 '회비 향증(回比向證)'으로 요약할 수 있습니다.

7) 등수순일체중생회향(等隨順一切衆生廻向)

보시 등의 선근을 쌓아 모아서 평등한 마음으로 일체 중생을 따르는 회향입니다. '회사 향리(回事向理)'로 요약할 수 있습니다.

이때 보살은 무엇에도 집착하지 않습니다. 행동에 집착하지 않고, 과업에 집착하지 않고, 몸에 집착하지 않고, 사물에 집착하지 않고, 이익에 집착하지 않고, 방향에 집착하지 않고, 중생에 집착하지 않고, 일체의 진리에 집착하지 않고, 일체의 장소에 집착하지 않는 경지에 이르게 됩니다.

이렇게 되면 보살은 모든 마(魔)에서 벗어나고, 큰 덕이 생기며, 중생을 구하는 공덕의 왕이 되며, 신통을 자재하게 되고, 일체 선근이 성취되며, 일체법에 대해 얻을 것도 없는 경지인 무소득(無所得)을 얻게 됩니다. 이것이 바로 평등회향의 결과인 것입니다.

8) 진여상회향(眞如相廻向)

진리의 본 모습(眞如相)과 같이 보살은 항상 선한 마음으로 선근을 회향하는 것입니다. 이때 보살은 정념(正念)이 명료해지고, 마음이 견고해지며, 수행에 전념하게 되고, 궁극적인 지혜를 성취하여 대승을 구하는 마음에서 물러나지 않고, 모든 공덕의 근본을 삼고, 항상 부처님과 가르침과 스님의 삼보(三寶)를 생각하게 되고, 보살도를 행하게 되고, 지혜 방편으로 회향하게 됩니다.

차별하는 일을 돌이켜서 원융행으로 향하게 한다는 '회차별행사 향원융행(回差別行事向圓融行)'으로 요약할 수 있습니다.

9) 무박무착해탈회향(無縛無着解脫廻向)

집착도 속박도 없는 해탈의 마음으로 회향하는 것을 말합니다.

보살은 여러 선근으로 집착과 속박이 없는 해탈한 마음을 얻고, 다시 그 해탈의 마음으로 보현보살의 광대한 원을 세워서 정진할 마음을 일으킵니다. 이때 보살은 세간과 세간법을 분별하지 않으며, 중생을 조복하거나 조복하지 않음을 분별하지 않으며, 자신과 타인을 분별하지 않습니다. 분별심을 모두 버리고 모든 중생을 존중하는 것이지요.

세상사를 돌이켜서 출세간으로 향하게 한다는 '회세 향출세(回世向出世)'로 요약할 수 있습니다.

10) 등법계무량회향(等法界無量廻向)

보살이 법보시를 비롯하여 모든 청정한 법으로 법계에 한량없이 회향하는 것을 말합니다. 이치와 현실에 따른 것을 돌이켜서 원만한 현실을 이룬다는 '회순리사 향소성사(回順理事向所成事)'로 요약할 수 있습니다.

보살마하살은 법사(法師)의 자리에 있으면서도 법보시를 널리 행합니다. 큰 자비심을 일으켜 중생들을 보리심에 편히 있게하며, 중생들을 위해 깨뜨릴 수 없는 견고한 선지식이 되어 선근을 성취하게 합니다.

보통 법보시라 하면 경전의 내용을 알려 주거나 경전을 보시하는 것으로,『금강경』과『법화경』등에서도 법보시할 것을 누누이 강조하고 있습니다. 부처님의 말씀 한 구절을 통해 한 사람이라도 영감을 얻거나 고난에서 벗어난다면 큰 공덕이 된다는 뜻입니다.

법사에게는 열 가지 이름이 있습니다. 최상의 무상(無上)법사, 굴하지 않는 무굴(無屈)법사, 막히거나 거치는 것이 없는 무애(無碍)법사, 걸림 없는 지혜의 지장(智藏)법사, 속박이나 장애가 없는 자재(自在)법사, 눈을 열게 하는 여안(如眼)법사, 일체의 불법을 기억하는 억지일체불법(憶持一切佛法)법사, 불도를 닦는 데 힘쓰는 수행무상도(修行無上道)법사, 위대한 능력이 있는 작대신(作大身)법사, 일체 법신을 갖춘 일체법신(一切法身)법사 등이 그것입니다.

이 단계에 머무르게 되면 법계와 동등한 무량한 부처님을 볼 수 있고, 무량한 불국토를 꾸밀 수 있다고 합니다.

타화자재천궁

제6회의 설법은 타화자재천궁의

마니보전에서 이루어집니다.

천상세계의 마지막 모임으로,

금강장보살이 부처님의 신통력을 받아

대지혜광명삼매(大智慧光明三昧)에 들어가서

십지(十地) 법문을 설합니다.

타화자재천(他化自在天)

타화자재천은 욕계의 가장 높은 곳에 위치하고 있습니다. '다른 것(他)이 만들어내는(化作) 즐거움을 자유자재로 자신의 즐거움으로 삼는다'는 뜻에서 유래된 이름입니다.

타화자재천의 궁전도 바람둘레(風輪)에 떠받치어 허공에 있습니다. 타화자재천의 자재천왕은 '애신천(愛身天)'이라고 부르기도 하는데, 욕계 안에서는 홀로 자재(自在 속박이나 장애가 없는 상태)를 얻는 인물입니다. 이곳 천인들의 수명은 1만6천 살이지만, 그보다 더 사는 이는 적고 덜 사는 이가 많다고 합니다.

『누탄경』에서는 '생각만 하면 음행이 곧 이루어진다'고 하였으며, 『삼법도경』에서는 '여인과 함께하면서 깊이 음욕심을 내어 마주 보면 음행이 이루어지며, 만약 한쪽이라도 음욕심이 없으면 이루어지지 않고 즐겁기만 한 것이 마치 인간이 서로 포옹하고 있는 것과 같을 뿐이다'라고 했습니다.

이 하늘에서는 태어나면서부터 스스로가 숙명(宿命)을 안다고 하는데, 이는 보시하고 계율을 지니고 악을 버렸기 때문입니다. 저절로 나는 음식과 옷과 옥녀(玉女)에 관한 일은 앞의 하늘

들과 같으며, 광명은 화락천보다 더 뛰어나다고 합니다.

부처님은 악마의 왕인 마라를 구체적으로 지칭하실 땐 욕계 천상의 제6천인 타화자재천의 천신이라고 말씀하셨습니다. 수행자들이 욕계를 벗어나지 않고 오욕락을 누리며 살기를 바라므로, 이러한 타화자재천의 천신으로서 욕계를 벗어나지 못하게 방해하는 천신을 '마라(mara 죽음의 신)'라고 부릅니다. 해탈로 향하지 못하게 붙잡는다고 해서 '나무치(namucci)'라고도 합니다.

숫타니파타 3장 2번째 경인 「정근경」을 보면, 부처님이 마라를 나무치라고 부르는 것을 알 수 있습니다. 또한 사악한 자라고 해서 빠삐만(papiman) 또는 빠삐야스(papiyas 파순)라고 부르기도 합니다.

불교에서는 중생이 현세에서 선업(善業)을 쌓아 고통이 없는 하늘나라에 다시 태어나기를 갈구하지만, 그 천상의 세계도 모두 한결같지 않아 각자 쌓은 '업인(業因)'에 따라 태어날 수 있는 하늘이 다르다고 합니다.

26. 깨지지 않는 수행의 보고 – 십지품

「십지품(十地品)」에서는 금강장보살이 설주가 되어 열 가지 지(地)를 설하고 있습니다. 설주인 금강장(金剛藏)의 '장(藏)'에는 태장(胎藏)이라는 뜻도 있는데, '감싸고 있다', '담고 있다', '저장하다'라는 뜻을 동시에 갖고 있습니다. 또한 여래장(如來藏)의 의미도 있어서 금강과 마찬가지로 불성(佛性)을 나타내고 있습니다. 이처럼 「십지품」은 설주의 이름을 통해서 금강 같은 불성을 암시하고 있는데, 이는 금강같이 강한 보살 수행을 통해 금강과 같은 굳건한 믿음으로 보살행을 실천하면 마침내 부처님의 지위인 불과(佛果)에 오를 수 있음을 보여주는 것입니다.

십지는 열 가지 수행 단계를 설명한 것으로, 수행을 통해 한 단계씩 올라가기 때문에 지(地), 즉 단계라고도 합니다.

십지(十地)의 '지'는 몇 가지 뜻을 가지고 있는데, 우선 지(地)는 땅을 의미합니다. 땅은 온갖 곡식이 성장할 수 있도록 양분을 제공할 뿐만 아니라 만물을 생성시키고 무진장한 금은보화도 함유하고 있지요. 또한 지(地)는 단계를 의미하기도 합니다. 여기서의 단계는 보살이 수행해 올라가는 단계, 장(場)을 말합니다. 다시 말해서, 보살이 각각의 수행계위에서 선근을 확고히 하고 완성시켜 나아가는 과정을 지(地)라고 표현한 것이지요.

「십지경」에서는 "십지는 삼세 부처님께서 말씀하신 것이고, 보살마하살이 보리(菩提)로 향하는 가장 좋은 길이며 청정한 법 광명의 문이다"라고 설명하고 있습니다. 즉, 보살을 존재하게 하는 근거가 되고, 종교적으로 승화시키는 근거가 바로 십지인 것입니다.

십지는 바로 부처님을 낳는 근본이요, 부처님 지혜의 근본이 됩니다. 앞에서 설명한 십주(十住)·십행(十行)·십회향(十回向) 의 수행을 삼현(三賢)이라 하고, 십지 수행을 십성(十聖)이라 부 르는 이유가 여기 있습니다. 십지의 수행에 들어가야 비로소 부 처님의 지위인 불과(佛果)를 증득할 수 있기 때문입니다.

금강장보살이 부처님의 위신력을 받들어 보살 대지혜광명삼 매(大智慧光明三昧)에 들어가자, 시방으로 각각 십억 세계 밖에 있는 십억 세계의 티끌 수처럼 많은 금강장보살들이 앞에 나타 나 십지행(十地行)의 공덕에 대하여 말하였습니다.

보살 십지의 처음과 나중을 얻게 하고, 보살 십지의 차별한 모양을 사실대로 말하게 하고, 번뇌가 없는 무루(無漏)법을 각각 분별케 하고, 결정한 지혜의 문에 잘 들어가게 하고, 머무는 곳에 따라 두려움 없음을 차례로 나타내어 말하게 하고, 큰 변재의 지위에 머물러 잘 결정하게 하고, 모든 곳에 두루 이르러 마침내 깨우치게 하려는 까닭이니라.

그때 시방 부처님께서 각각 오른손을 펴서 금강장보살의 정수리를 만지시자, 금강장보살이 삼매에서 일어나 일체 보살대중에게 삼세 부처님의 지혜인 지(地)를 말씀하였습니다.
이제 십지에 대해 좀 더 구체적으로 살펴보겠습니다.

1) 환희지(歡喜地)
환희지는 열 가지 원(願)을 성취하고 보시섭(布施攝)과 보시바라밀로 기쁨에 넘치는 지위입니다. 환희심은 부처님과 보살의 마음, 그 가르침과 행을 생각함으로써 생겨납니다. 보살이 선근을 깊이 심고 모든 행을 잘 닦아 광대한 지혜를 내면 보살의 지위에 들어가서 여래의 집에 태어나는데, 이때 환희지에 머뭅니다.

보살이 환희지에 머물면 모든 두려움이 다 사라지며 열 가지 큰 원을 성취하게 됩니다. 원(願)이란 계획을 세워 목표를 달성하겠다는 다짐이자 맹세입니다.

보살의 열 가지 큰 서원(十大願)은 다음과 같습니다.

① 모든 부처님께 공양하는 원

② 불법을 수호하는 원

③ 법륜 굴리기를 청하는 원

④ 모든 바라밀을 수행하는 원

⑤ 중생을 교화하는 원

⑥ 세계를 잘 분별하는 원

⑦ 불토를 청정히 하는 원

⑧ 항상 보살행을 떠나지 않는 원

⑨ 보살도를 행하여 이익을 주는 원

⑩ 아뇩다라삼먁삼보리를 이루는 원

2) 이구지(離垢地)

이구지는 열 가지 선한 일(十善業道)를 행하고, 애어섭(愛語攝)과 지계바라밀, 특히 대승의 계율인 삼취정계(三聚淨戒)로서

삼취정계(三聚淨戒)란?

대승불교 보살(菩薩)의 계법(戒法)에 대한 총칭으로, 삼취청정계 또는 삼취계라고도 한다. 취(聚)는 집적(集積)의 뜻이며, 청정하기 때문에 정계(淨戒)라고 하는 것이다. 삼취정계는 섭률의계(攝律儀戒)·섭선법계(攝善法戒)·섭중생계(攝衆生戒)로 나뉘는데, 섭률의계는 소승불교에서도 설하나 섭선법계와 섭중생계는 대승불교 특유의 것이다.

1. 섭률의계(攝律儀戒)

석가가 제정한 계율을 지켜 그릇됨을 막고 일체의 악을 끊어버리는 것(防非止惡)으로 생명을 살해하는 것(不殺戒), 도둑질(不盜戒), 음욕(不淫戒), 거짓말(不妄語戒), 술의 매매(不酤酒戒), 다른 사람의 죄와 허물을 말하는 것(不說過罪戒), 자신을 칭찬하고 남을 비방하는 것(不自讚毀他戒), 재산과 가르침을 베푸는 것을 아깝게 여기는 것(不慳戒), 화를 잘내는 것(不瞋戒), 불·법·승 3보를 비방하는 것(不謗三寶戒) 등 10가지 무거운 계율(十重戒)과 48가지의 가벼운 계율(輕戒)을 지켜, 일체의 허물과 악을 버리는 것을 말한다.

2. 섭선법계(攝善法戒)

선량한 마음을 기준으로 하는 윤리원칙으로, 적극적으로 일체의 선을 실행하는 것이다.

3. 섭중생계(攝衆生戒)

일체의 중생을 모두 섭수(攝受)하여 구제·이익되도록 하는 것, 즉 자비심을 갖고 중생을 위해 진력하는 일체의 이타행위(利他行爲)를 말한다.

원효는 섭률의계와 섭선법계만 있고 섭중생계가 없다면 오로지 자리행(自利行)만 있는 것이 되어 이승(二乘)에 머물 뿐이며, 섭중생계만 있으면 이타행(利他行)만 있고 자리행이 없어, 보리(菩提)의 싹을 돋아나게 할 수 없다고 하였다. 또한 삼취정계 가운데 섭률의계는 단(斷)의 덕목(德目)이고, 섭선법계는 지(智)의 덕목이며, 섭중생계는 은(恩)의 덕목이기 때문에, 이 삼덕의 과(果)를 얻으면 그것이 곧 정각(正覺)을 이루는 길이라고 하였다.

모든 번뇌의 때를 없애는 지위입니다. 이 삼취정계 중 섭율의계(攝律儀戒)는 살생을 하지 않는 등의 5계를 지키도록 하는 것이고, 섭선법계(攝善法戒)는 적극적으로 선법을 행하는 것, 섭중생계(攝衆生戒)는 널리 중생을 보호하고 살펴주는 것입니다.

이때 보살은 이구지(離垢地)에 들어가기 위해 열 가지 깊은 마음을 일으키게 됩니다. 바로 곧은 마음(正直心), 부드러운 마음(柔軟心), 참을성 있는 마음(堪能心), 다스리는 마음(調伏心), 고요한 마음(寂靜心), 순일하게 선한 마음(純善心), 잡되지 않는 마음(不雜心), 그리움 없는 마음(無顧心), 넓은 마음(廣心), 큰마음(大心)이 그것입니다.

이구지의 보살은 일체 악업을 멀리 하는데, 이를 성취한 보살은 다음과 같은 구체적인 열 가지 선한 일을 실천하게 됩니다.

① 일체 살생을 멀리한다. 일체 중생을 항상 이롭게 하고 사랑하는 마음을 낸다.

② 훔치지 않는다. 자기의 재산에 만족함을 알고, 풀잎 하나라도 주지 않는 것을 갖지 않는다.

③ 사음(邪淫)하지 않는다. 자기 아내에 만족함을 알고 다른 여인을 범하지 않는다.

④ 거짓말하지 않는다. 항상 진실한 말과 바른 말, 시의적절한 말을 한다.

⑤ 이간하는 말을 하지 않는다. 이간하거나 해치려는 마음을 내지 않는다.

⑥ 나쁜 말을 하지 않는다. 남을 해롭게 하거나 괴롭히는 말, 성내게 하는 말 등을 모두 버린다.

⑦ 번지르르한 말을 하지 않는다. 언제나 잘 생각하고 하는 말, 의로운 말, 법에 맞는 말을 한다.

⑧ 탐욕을 부리지 않는다. 남의 재물에 탐심을 내지 않는다.

⑨ 성내지 않는다. 일체 중생에게 항상 자비의 마음을 낸다.

⑩ 삿된 소견이 없다. 바른 길에 머무르며 불·법·승의 삼보에 신심(信心)을 낸다.

3) 발광지(發光地)

중생세계의 모습을 무아(無我)·무상(無常)·고(苦)라는 삼법인(三法印)으로 관찰하고, 이행섭(利行攝)과 인욕바라밀로 지혜의 광명이 나타나는 지위입니다. 보살은 제3지에 머물면서 열가지 깊은 마음을 내어 모든 중생세계의 실상을 관찰합니다. 이는 깨끗한 마음(淸淨心), 편안한 마음(安住心), 세속을 싫어하여 버리는 마음(厭捨心), 욕심을 버리는 마음(離貪心), 보리심에서 물러서지 않는 마음(不退心), 굳건한 마음(堅固心), 맑은 마음(明盛心), 용맹스런 마음(勇猛心), 넓은 마음(廣心), 큰 마음(大心)을 말합니다.

　보살이 발광지에 머물면 4선(禪)과 4무색정(無色定)에 머물고, 한량없는 신통력을 얻게 됩니다. 또한 수많은 부처님을 친견하게 됩니다.

사선팔정(四禪八定)이란?

사선팔정이란 사선(四禪)과 사정(四定)을 아울러 가리키는 말이다. 사선은 초선, 제2선, 제3선, 제4선을 가리키는 말로 사색계선(四色界禪)이고, 사정은 공무변처정(空無邊處定), 식무변처정(識無邊處定), 무소유처정(無所有處定), 비상비비상처정(非想非非想處定)이다. 사정은 삼계 가운데 무색계에서 터득하는 선정이기 때문에 달리 사무색정(四無色定) 또는 사공정(四空定)이라고도 한다. 이에 사색계선과 사무색정을 합하여 사선팔정이라 한다.

---

4) 염혜지(焰慧地)

　37조도품(助道品)을 닦고, 동사섭(同事攝)과 정진바라밀로 지혜가 매우 커지는 지위입니다. 이 지위는 지혜를 가지고 번뇌를

37조도품(助道品)이란?

깨달음을 성취하기 위한 서른일곱 가지의 중요한 수단을 말하며, '37보리분법'이라고도 한다.

1. 사념처(四念處)란 네 가지 마음 챙김의 확립을 말한다. 몸·느낌·마음·법에서 그들의 더러움을 무상·무아라고 파악하면서 깨끗함, 행복, 영원함, 자아의 인식 역할을 성취하면서 일어난다.

몸을 수관하는 마음 챙김의 확립, 느낌을 수관하는 마음 챙김의 확립, 마음을 수관하는 마음 챙김의 확립, 법을 수관하는 마음 챙김의 확립.

2. 사정근(四正勤)이란 네 가지 바른 노력을 말한다.

이미 일어난 나쁜 것을 버리려는 노력, 아직 일어나지 않은 나쁜 것을 일어나지 않게 하는 노력, 아직 일어나지 않은 유익한 것을 일으키려는 노력, 이미 일어난 유익한 것을 증장시키려는 노력.

3. 사여의족(四神足·四如意足)이란 네 가지 성취 수단을 말한다. 성취는 부처님의 가르침을 실천하려는 노력으로 얻어지는 고귀하거나 출세간적인 상태를 의미한다.
열의의 성취수단, 정진의 성취수단, 마음의 성취수단, 검증의 성취수단.

4. 오근(五根)이란 다섯 가지 기능을 말하며, 기능이란 그 각각의 영역에서 지배하는 요소이다.
믿음의 기능, 정진의 기능, 마음 챙김의 기능, 삼매의 기능, 통찰지의 기능.

5. 오력(五力)이란 다섯 가지 힘을 말하며, 힘이란 반대되는 것들에 의해 흔들리지 않고 이들과 함께하는 법들을 강하게 만드는 요소이다.
믿음의 힘, 정진의 힘, 마음 챙김의 힘, 삼매의 힘, 통찰지의 힘.

6. 칠각지(七覺支)란 일곱 가지 깨달음의 각지를 말한다.
마음 챙김의 깨달음의 각지(念覺支), 법을 간택하는 깨달음의 각지(擇法覺支), 정진의 깨달음의 각지(精進覺支), 희열의 깨달음의 각지(喜覺支), 경안의 깨달음의 각지(輕安覺支), 삼매의 깨달음의 각지(定覺支), 평온의 깨달음의 각지(捨覺支).

7. 팔정도(八正道)란 여덟 가지 성스러운 도를 말한다.
바른 견해(定見), 바른 생각(定思惟), 바른 말(正語), 바른 행위(定業), 바른 생활(正命), 바른 정진(定精進), 바른 마음 챙김(正念), 바른 삼매(正定).

태운다는 의미가 있습니다. 보살이 염혜지에 머물면 그 지혜로써 여래의 가문에 태어납니다.

이 염혜지에서는 열 가지 법을 밝히고 수행을 해야 합니다. 중생계(衆生界), 법계(法界), 세계(世界), 허공계(虛空界), 식계(識界), 욕계(欲界), 색계(色界), 무색계(無色界), 광심신해계(廣心信解界), 대심신해계(大心信解界)를 관찰하고 밝히는 수행이 그것입니다.

보살이 37조도품을 수행하는 것은 단 한 명의 중생도 버리지 않기 위함이요, 본원(本願)을 지니기 위함이요, 대자비를 느끼고 행하기 위함이요, 큰 자기를 성취하기 위함이요, 일체 지혜를 얻기 위함이요, 불토를 장엄하기 위함이요, 부처님처럼 두려워하지 않는 방편을 성취하기 위함이요, 가장 높고 뛰어난 진리를 구하기 위함이요, 들은 바 불해탈을 따르기 위함이요, 중생 구제의 큰 지혜 방편을 사용하기 위함입니다.

5) 난승지(難勝地)

난승지는 진제(眞諦)와 속제(俗諦)를 조화하였으므로 그 어떤 것도 이기기 어려운 견고한 지위입니다. 이렇게 말하는 것은 끊기 어려운 번뇌를 끊을 수 있는 지위이기 때문입니다. 이 지위에 들면 일체 중생이 의지하는 의지처가 되기를 서원합니다. 고집멸도(苦集滅道)의 사성제(四聖諦)와 선정(禪定)바라밀을 주로 닦으며, 중생을 위하여 세간의 기예를 모두 익힙니다.

보살은 이 지위에 이르기 위해 열 가지 청정한 평등심을 갖춰야 합니다. 과거·현재·미래의 불법에 대하여 평등심을 가지며, 계(戒)와 마음에 대하여 평등심을 가지며, 의심과 회의적인 생각을 제거하며, 진리인지 아닌지 분간하는 지혜와 수행지견(修行智見)을 갖추며, 모든 깨달음의 지혜를 갖추어서 일체 중생을 교화하는 것이 그것입니다.

또한 이 보살은 한 생각 가운데 천억 중생을 구제하고, 한 생각 가운데 천억 부처님을 친견합니다. 천억 부처님의 신통력을 알게 되고, 천억 부처님의 세계를 움직이고, 천억 보살을 거느리게 됩니다. 한 생각 가운데 수많은 부처님의 삼매와 능력(神力)을 경험하게 됩니다.

6) 현전지(現前地)

현전지는 세간(世間)이나 출세간(出世間)의 일체 지혜가 다

앞에 나타나는 지위입니다. 12연기(十二緣起)—무명(無明)·행(行)·식(識)·명색(名色)·육입(六入)·촉(觸)·수(受)·애(愛)·취(取)·유(有)·생(生)·노사(老死)—를 관찰하고, 반야바라밀을 성취한다는 내용이 있습니다. 현전지는 유명한 '유심게(唯心偈)'가 설해진 곳으로, 마음의 철학이 잘 나타나 있습니다.

제6지에 들어가기 위해서는 열 가지의 평등한 마음에 도달해야 합니다. 즉, 일체법은 성품이 없고(無性), 모양이 없고(無相), 생겨나지도 않고(無生), 사라지지도 않으며(無滅), 본래 청정하고, 쓸데없는 말이 없고(無戱論), 취하지도 버리지도 않으며(無取捨), 떠나고, 꿈과 같고, 있고 없음이 둘이 아님을 깨닫는 지위에 머물러야 한다고 설합니다.

이 현전지에 머무는 보살은 12연기를 관찰함과 동시에 '삼계(三界)는 허망하여 다만 이 마음이 지은 것이요, 12인연도 다 마음을 의지하는 것이다'라는 유심게를 관찰합니다. 그리하여 이 세계는 허망한 생각으로 이루어진 것이며, 12연기도 이 마음에 의해 성립된 것이라고 설합니다.

삼계에 존재하는 것은 단지 마음뿐이라고

여래가 이것을 분별하여 연설하시네
십이연기도 모두 다 마음을 의지하여
이렇게 세운 것일 뿐이라네

이렇게 관찰하면 보살은 점점 자비심이 증장하여 삼매에 들어가게 됩니다. 지금 이 순간 여기에 나타나는 것들을 면밀히 관찰하고, 그것의 허망함을 알기에 '현전지'라고 하는 것입니다.

7) 원행지(遠行地)

원행지는 성문과 연각인 이승(二乘)의 경지를 멀리 떠나 광대한 지혜를 내는 지위입니다. 제6지에서 제7지에 들어가기 위해서는 십바라밀을 구족하고, 그중에서도 '방편(方便)바라밀'을 주로 닦습니다.

이 지위에서는 생각마다 능히 열 가지 바라밀을 다 수행하고, 생각마다 대비(大悲)를 으뜸으로 삼아 진리를 수행합니다. 특히 '삼계를 멀리 떠났으면서도 삼계를 장식한다'고 설합니다. 중생 속으로 돌아와 십바라밀을 실천하도록 강조하고 있습니다.

① 부처님의 지혜를 구하기 위하여 모든 선근을 중생에게 베

푸는 보시(布施)바라밀

② 일체 뜨거운 번뇌(熱惱)를 없애는 지계(持戒)바라밀

③ 자비를 으뜸으로 삼아 중생을 해롭게 하지 않는 인욕(忍辱)바라밀

④ 수승하고 훌륭한 법을 구하는데 싫어함이 없는 정진(精進)바라밀

⑤ 온갖 지혜의 길을 가는데 산란하지 않는 선정(禪定)바라밀

⑥ 모든 법에 생멸(生滅)이 없음을 능히 인정하는 반야(般若)바라밀

⑦ 한량없는 지혜를 능히 내는 방편(方便)바라밀

⑧ 가장 뛰어난 지혜를 구하는 원(願)바라밀

⑨ 마군들이 절대 무너뜨릴 수 없는 힘을 얻는 역(力)바라밀

⑩ 모든 법을 통달하는 지(智)바라밀

8) 부동지(不動地)

무생법인(無生法忍)을 얻어 동요하지 않는 지위로, 십바라밀 가운데 원(願)바라밀 수행을 강조합니다. 수행이 완성되어 더 이상 흔들림 없이 저절로 보살행을 행하는 경지를 부동지(不動地)

라고 합니다. 그러므로 부동지에 들어간 보살을 '심행(深行)보살'이라고 부릅니다.

심행보살은 일체 세간의 모습이나 탐욕과 집착을 벗어났으며, 더구나 성문·연각과 같이 수행자가 절대로 무너뜨릴 수 없는 확고부동의 경지에 머무를 수 있습니다.

불자들이여, 보살이 머무는 이 지(地)는 깨뜨릴 수 없기 때문에 그 이름을 부동지라 하고, 그 지혜를 굴릴 수 없기 때문에 그 이름을 부전지(不轉地)라 한다.

이 부동지보살은 무공용각혜(無功用覺慧), 즉 힘을 쏟지 않고 깨달은 지혜를 가지고 일체지(一切智)의 경계를 관찰하며, 중생들의 원하는 바에 따라서 갖가지 몸으로 나타나 중생을 교화합니다.

9) 선혜지(善慧地)

중생을 구제하기 위한 온갖 지혜, 특히 진리·의미·언어·설법 등 네 가지 걸림이 없는 지혜를 얻는 지위입니다. 십바라밀 가운데 역(力)바라밀이 뛰어납니다.

제9지에 머무르는 보살은 대법사가 되어 중생의 모든 욕망과 근기를 알아 자재(自在)한 설법을 합니다. 네 가지 막힘없는 설법은 다음과 같습니다.

① 진리에 막힘이 없는 법무애변(法無碍辯)

② 가르침의 의미 내용에 막힘이 없는 의무애변(義無碍辯)

③ 다양한 언어를 자유자재로 구사하는 사무애변(辭無碍辯)

④ 진리를 즐기고 타인에게 설법하는 데 막힘이 없는 요설무애변(樂說無碍辯)

이 지위의 보살은 수많은 삼매에 들어가게 됩니다. 신체의 각 부분에서 빛이 나고, 모두 중생에게 이익이 되도록 법을 설하십니다.

10) 법운지(法雲地)

대법우(大法雨), 즉 진리의 비를 내리는 지위입니다. 지혜의 구름이 널리 감로의 비를 내리는 경지이기에 붙여진 이름입니다. 다시 말해서 그 설법이 진리의 비를 내리게 하는 구름과 같다는 뜻이지요. 지혜(智慧)바라밀이 가장 뛰어납니다.

보살이 이 법운지에 머물면 무수한 부처님들로부터 법의 비를 맞을 수 있으며, 자재한 신통력을 갖추게 됩니다. 지혜로써 최상의 자재한 힘을 얻어, 좁은 국토를 넓히기도 하고 넓은 국토를 좁히기도 하며, 더러운 국토를 깨끗하게 하기도 하고 깨끗한 국토를 더럽게 하기도 하는 등 모든 세계에서 신통력을 발휘합니다.

이처럼 법운지 보살의 신(身)·구(口)·의(義)의 업은 헤아릴 수 없고 측량할 수 없습니다. 삼매도 자재하고, 해탈문도 자재하고, 지혜 경계도 자재하여 그 모든 것이 부처님과 다르지 않습니다. 광명(光明)도 또한 마찬가지입니다.

「십지품」의 마지막에는 십지의 내용을 정리하여 초지에서 제10지에 이르는 단계가 간략하게 설명되어 있습니다. 보다 쉬운 이해를 위해 바다에서 배우는 열 가지 이익(海十種益)과 비교한 다음의 표로 그 정리를 대신할까 합니다.

바다에서 배우는 10가지 이익	십지보살행의 성격(수행법)
차례로 점점 깊어진다	환희지는 큰 서원을 내어 점점 깊어지는 까닭이다 (십대원)

송장을 받아두지 않는다	이구지는 모든 파계한 송장을 받지 않는 까닭이다 (십선업)
다른 물이 그 가운데 들어가면 모두 본래의 이름을 잃는다	발광지는 세간에서 붙인 이름을 여의는 까닭이다(삼법인)
모두 다 한 맛이다	염혜지는 부처님의 공덕과 맛이 같은 까닭이다(삼십칠조도법)
한량없는 보물이 있다	난승지는 한량없는 방편과 신통과 세간의 보배들을 내는 까닭이다(사성제)
바닥까지 이를 수 없다	현전지는 인연으로 생기는 깊은 이치를 관찰하는 까닭이다(십이연기)
넓고 커서 한량이 없다	원행지는 넓고 큰 깨달음에 이르는 지혜를 잘 관찰하는 까닭이다(십바라밀)
큰 짐승들이 사는 곳이다	부동지는 광대하게 장엄하는 일을 나타내는 까닭이다(무생법인)
조수가 기한을 넘기지 않는다	선혜지는 깊은 해탈을 얻고 세간을 다니면서 사실대로 알아서 기한을 어기지 않는 까닭이다(사무애변)
큰비를 모두 받아도 넘치지 않는다	법운지는 모든 부처님 여래의 큰 법의 비를 받으면서도 가득 참이 없는 까닭이다(대법우)

IV. 지상 2막

제6회 모임을 마친 부처님은

천상에서 지상으로

다시 설법장소를 옮기십니다.

보광명전

　제7회 11품에서는 십지보살행을 지나 깨달음의 경계를
펼쳐 보이고 있습니다. 『화엄경』에 보이는 깨달음은 등각(等覺)과
묘각(妙覺)을 시설해 놓은 것으로 파악할 수 있습니다.
　부처님은 다시 보광명전(普光明殿)에서 그 자리에 모인
대중들과 함께 하셨습니다. 그때 보현보살이 부처님의 위신력을
받아서 찰나제제불삼매(刹那際諸佛三昧)에 들어가
십정(十定) 법문을 설하셨습니다.

27. 지혜의 근본, 열 가지 선정 – 십정품

깨달음에는 등각(等覺)과 묘각(妙覺)이 있습니다. 등각(等覺)은 '부처님과 동등한 지위의 깨달음'이란 뜻으로, 보살이 장기간 동안의 인행(因行)을 거쳐 도달하는 지위입니다. 묘각(妙覺)은 '부처님의 불가사의한 깨달음의 세계'를 말하며, 등각의 윗단계로서 궁극적인 부처님에 이른 지위입니다.

십신(十信)에서 십지(十地)에 이르는 보살 수행의 결과인 등각과 부처님 깨달음의 본래 세계인 묘각 사이에는 건널 수 없는 '질'적인 차이가 있는 것일까요? 묘각 역시 열심히 노력하기만 한다면 얻을 수 있는 경지일까요? 과연 수행과 깨달음의 차이는 무엇일까요?

이 품에서 보현보살은 열 가지 삼매 중 마지막 삼매인 '걸림 없는 바퀴 큰 삼매(無碍輪大三昧)'를 설명하면서 다음과 같이 말씀하십니다.

법이 생겨남이 없음을 알지마는 항상 법 바퀴를 굴리며, 법에 차별 없음을 알지마는 모든 차별한 문을 말하며, 모든 법에 생멸(生滅)이 없음을 알지마는 모든 생멸하는 모양을 말하며, 모든 법에 크고 작음이 없음을 알지마는 법의 크고 작은 모양을 말하며, 법에 상·중·하가 없음을 알지마는 가장 으뜸인 법을 말하며, 모든 법에 말할 수 없음을 알지마는 청정한 말을 연설하며, 모든 법에 안팎이 없음을 알지마는 안의 법과 밖의 법을 말하며, 모든 법을 알 수 없음을 알지마는 가지가지 지혜로 관찰함을 말하느니라. (중략) 법에 평등(平等)할 이가 없음을 알지마는 평등하고 평등하지 않은 길을 말하며, 법은 말이 없음을 알지마는 삼세의 법을 말하며, 법에 의지할 데 없음을 알지마는 선한 법에 의지하여 뛰어남(出離)을 얻음을 말하며, 법에 몸이 없음을 알지마는 자세히 법신을 말하며, 삼세 부처님들이 그지없음을 알지마는 한 부처님이라고 말하며, 법에 빛깔이 없음을 알지마는 수많은 빛깔을 나타내며, 법에는 소견이 없음을 알지마는 여러 소견을 자세히 말하며, 법에 모양이 없음을 알지마는 가지가지 모양을 말하며, 법에 경계가 없음을 알지마는 지혜의 경계를 자세히 말하며, 법에 차별이 없음을 알지마는 수행한 결과가 가지가지로 차별함을 말하며, 법에 벗어날 것이 없음을 알지마는 청정하게 벗어나는 행을 말하며, 법이 본래 항상 머무는 줄을 알지마는 모든 흘러 다니는 법을 말하며, 법에 비칠 것이 없음을 알지마는 비치는 법을 항상 말하느니라.

보현보살의 이 설명 속에서 '~하지 않음을 앎'이 등각이라고 한다면 , '~함'은 묘각이라고 할 수 있습니다. 등각이 깨달음의 적적(寂寂)함, 공(空)의 세계를 말한다면, 묘각은 그 깨달음이 작용하는 지혜의 또렷함(惺惺), 심오함(玄妙)을 말합니다.

수행과 깨달음이 함께 하기 때문에, 우리는 수행 과정 속에서 바른 수행을 할 수 있는 것입니다. 『화엄경』에서 발심(發心)과 발심의 공덕을 강조하는 이유도 마찬가지입니다. 아직 구체적이지는 않지만, 수행의 최초 시작인 발심의 단계 속에 이미 깨달음이 있기 때문입니다. 수행은 그 깨달음 본연의 모습을 찾아가는 여정이고, 깨달음으로 우리를 인도해 줍니다.

「십정품」에서 보현보살은 지혜의 근본인 열 가지 선정(禪定)을 이야기합니다. 선정이 깊어지면 흔히 말하는 '무의식'의 세계뿐 아니라, 무의식의 토대가 되는 인류 전체의 근본적인 의식을 만나게 됩니다. 이 식(識)이 바로 '아뢰야식'입니다. 이 근본식은 시간의 생성과 소멸을 포함하지 않으므로, 모든 '있었던 것'이나 '있는 것'이나 '있을 것'에 차별이 없습니다.

또 이 근본식(根本識)은 공간의 생성과 소멸을 포함하지 않으므로, 우리가 육체를 가짐으로써 존재하는 모든 공간적 한계로부터도 자유롭습니다. 선정의 이런 성격이 선정을 신통과 밀접한 관계를 가지도록 만들었을 것입니다.

28. 보살의 열 가지 신통 - 십통품

「십지품」과 「십정품」에 등장하는 모든 보살들은 열 종류의 삼매차별지(三昧差別智)에 들어가서 동서남북상하의 각 방향에서 자유자재로 삼매에 들어가고 삼매에서 나옵니다. 또한 '일체중생의 각기 다른 몸 삼매'에 들어서는 열 종류의 집착함이 없는 경지를 얻어 삼매에 들어가고 나오고 합니다. 몸 외부와 내부, 서로 같고 다른 몸에 상관없이 삼매에 들고 나는 것이지요. 이러한 자유자재한 삼매의 힘은 화엄교학의 '상즉상입(相卽相入)', 즉 모두가 하나가 되는 일즉일체(一卽一切)의 전형적인 모습이기도 합니다.

이는 삼매가 외부의 영향을 완전히 떠나서 '내가 나의 마음을 자유자재로 움직일 수 있는 경지'임을 나타냅니다. 보통 마음이란 대상에 따라 나타나고 대상에 따라 사라지는 것인데, 대상에 상관없이 삼매를 통해 자유로이 들고 난다는 것은 우리의 자성인 진여(眞如)를 체득하지 않으면 불가능한 일입니다.

신통(神通)은 이러한 삼매에 의지해서 일어난다는 것이 불교의 일반적인 견해입니다. 삼매의 이름은 은유적으로 표현되어 있기 때문에 이름만 가지고서는 구체적인 삼매 현상을 정확히 구분할 수 없습니다. 각각의 삼매 현상을 이해하기 위해서는 삼매 현상에 의지해서 일어나는 보살의 신통에 대해서도 함께 알아두어야 합니다. 이를 정리하면 다음의 표와 같습니다.

삼매의 이름	삼매의 특징
광명 삼매	모든 세간과 법의 몸을 봄
묘한 광명 삼매	여러 세계의 갖가지 차별을 봄
여러 부처님 나라에 차례로 가는 삼매	모든 세계에서 시간에 구애받지 않고 삼매에 들어감
청정하고 깊은 마음의 행 삼매	삼매에서 부처님 법을 듣고, 삼매에서 나와서도 잊지 않음

묘광(妙光)으로 과거에 장엄한 갈무리를 아는 삼매	과거 부처님과 중생과 법 등을 알게 됨
지혜광명의 갈무리 삼매	미래 세계 도래할 부처님과 중생 등을 알게 됨
모든 세계 부처님의 장엄을 아는 삼매	부처님께서 모든 세계에 충만하심을 봄
일체중생의 각기 다른 몸 삼매	모든 중생의 상황과 세계의 부분들을 봄
법계에 자재한 삼매	모든 법계에서 삼매에 들고, 머무르고, 남이 자유롭고, 갖가지 방편의 지혜를 알게 됨
걸림 없는 바퀴 삼매	부처님 지혜와 해탈과 청정함을 성취함

신통의 이름	신통의 특징
타심지통 他心智通	다른 이의 마음을 아는 신통-타심통
무애청정천안지통 無碍淸淨天眼智通	걸림 없는 하늘 눈 신통-천안통
주무체성무동작왕일체불찰지신통 住無體性無動作往一切佛刹智神通 (住無體性神通)	성품도 없고 동작도 없는데 머물면서도 제불 세계에 가는 신통-신족통
성취무애청정천이지통 成就無碍淸淨天耳智通	걸림 없이 청정한 하늘 귀 신통-천이통
숙주수념지통 宿住隨念智通	전생의 일을 아는 신통-숙명통
지진미래제겁지통 知盡未來際劫智通	내세의 일을 아는 신통-미래통
선분별일체중생언음지통 善分別一切衆生言音智通	모든 말을 잘 분별하는 언어의 신통-언음통
무수색신지신통 無數色身智神通	수없이 몸을 나투는 신통 - 색신통
일체법지통 一切法智通	모든 법, 진리를 아는 신통 - 법지통
일체법멸진삼매지통 一切法滅盡三昧智通	모든 법이 다 없어지는 삼매에 들어가는 신통- 누진통

신통은 분명 신기한 능력이지만, 그것은 언제나 삼매(三昧=禪

定)의 결과에 불과하지 적극적으로 추구해야 할 어떤 것은 아닙니다. 부처님의 제자인 우리는 신기한 능력이 아니라 부처님의 법을 추구해야 합니다. 어떤 신통도 넘어서서 지혜와 해탈을 향해야 하는 것입니다. 이처럼 지혜와 선정은 불교 수행의 가장 큰 틀이라 하겠습니다. 수행은 이렇게 우리 자신을 발견하는 과정이고, 우리 자신을 스스로 통제할 수 있는 능력을 기르는 과정인 것입니다.

선정을 통해 지혜를 추구할 힘을 얻고, 지혜를 통해 한 삼매에만 머물지 않고 더 높은 경지의 삼매에 들어가도록 노력해야합니다. 삼매의 신비한 현상에만 너무 집착하는 태도는 수행을 전진시켜 나가는 데 도움이 되지 않기 때문입니다. 이는 다음의「십인품」에서 보살이 성취해야 할 지혜의 모습을 살펴보면 더잘 알 수 있습니다.

29. 세상을 보는 열 가지 지혜 – 십인품

「십인품(十忍品)」의 인(忍)은 지혜, 앎(認)의 의미입니다. 여기에서는 보현보살이 십신통의 의지가 되는 열 가지 지혜의 경계(忍)에 대해 설합니다.

열 가지 지혜(忍)란 부처님 법의 음성을 듣고 따르는 인, 법에 순응하는 인, 생멸하는 법이 없다는 인, 환영(幻影)과 같다는 인, 아지랑이 같다는 인, 꿈과 같다는 인, 메아리 같다는 인, 그림자 같다는 인, 허깨비 같다는 인, 허공과 같다는 인을 말합니다.

이중 생멸하는 법이 없다는 인, 즉 불생불멸의 깨달음을 얻은 무생법인(無生法忍)은 앞에서 제8 부동지 보살이 증득한 경계이기도 합니다. 제8지에 오르면 부처님의 경지(佛果)에 오른 것과 같은 경계로 봅니다.

부처님의 지혜는 우리가 실제적으로 존재한다고 여겨온 것, 실체가 있다고 확신해 온 것들이 모두 사라질 환영(幻影)과 같은 것이라고 가르칩니다. 환영의 기본적인 속성은 그것이 실체를 가진 것이 아니고, 다른 것에 의존해 있다는 데 있습니다. 그 환영 자체가 실재한다고 생각할 때, 우리의 집착과 번뇌가 시작됩니다. 이에 번뇌를 치료하는 열 가지 지혜가 필요한 것입니다.

열 가지의 지혜(忍)을 설한 보현보살은 다시 한 번 그 뜻을 밝히기 위해 다음과 같은 게송을 읊습니다.

모든 것은 마음에서 만들어지며

그러므로 마음은 요술쟁이라 하네

만약 이러한 분별심을 제거하면

모든 중생 모습 사라지네

마치 요술쟁이가

거리에서 온갖 묘기를 보일 때

보는 이는 즐겁지만

결국 아무것도 얻는 게 없는 것처럼

세상 또한 그러하여

모두 다 요술쟁이 같아

본성도 없고 생겨남도 없지만

온갖 것을 나타내 보이네

유식학(唯識學)에서는 이렇게 환각을 실제라고 착각하는 우리의 습성을 '변계소집성(遍計所執性)'이라고 합니다. 실제로는 없는 것을 헤아려 있다고 생각하고, 그것에 집착하는 태도를 말합니다. 새끼줄을 뱀으로 착각하여 그것을 보고 두려움을 느끼게 된다는 비유는 유명합니다.

부처님께서 이런 가르침을 주심에도 불구하고 우리는 환상에 집착하며 살고 있습니다. TV에서 보여주는 이미지들과 상품의 명목상 가치에 집착하며, 다른 사람에게 보이는 모습에 지나치리만치 신경을 씁니다. 우리의 욕망을 이미지와 상품에 투영하여 우리의 정체성을 구체화하려고 하고, 다른 사람들과의 차별을 나타내는 수단으로 사용합니다. 사교적일 수밖에 없는 세속적 삶에서는 어쩔 수 없는 일이겠으나, 그런 환상은 아지랑이 같고 메아리와 같음을 분명히 인식해야 할 것입니다.

30. 수의 무한성 – 아승지품

「아승지품(阿僧祇品)」과 「여래수량품」의 두 품은 부처님께서 직접 설하신 품으로 알려져 있습니다. 두 품의 중심 교설이 숫자에 있는 것도 특징의 하나이지요. 수의 무한성은 부처님 깨달음의 무한성뿐만 아니라, 그 무한한 깨달음을 체득함에 있어서 실천이 얼마나 중요한지를 일깨워줍니다.

아승지(阿僧祇)란 무량하다는 뜻으로, 헤아릴 수도 없고 숫자로도 셀 수 없음을 말합니다. 아승지를 굳이 숫자로 설명하자면 코티에 100억을 곱한 수인데, 1코티는 100 곱하기 1천의 제곱입니다. 『화엄경』에서 이처럼 큰 숫자를 들어 보이는 것은 중생을 위해서, 중생들이 좋아하기 때문에, 또 부처님의 깨달음의 경지가 깊음을 보이기 위해서입니다.

「아승지품」에서 말하는 진리의 무한성이란, 진리의 세계는 무한·무수·무량·무변하여 생각으로 도달할 수 없는 깨친 자의 경지를 말합니다. 왜냐하면 깨달음의 세계에서 나타난 법은 생겨나는 것도 없고 소멸되는 것도 없으며(不生不滅), 더러운 것도 없고 깨끗한 것도 없으며(不垢不淨), 늘지도 줄지도 않는 것(不增不減)이기 때문입니다.

31. 시간의 무한성 – 여래수량품

「아승지품」이 수의 무한함을 나타냈다면, 「여래수량품(如來壽量品)」은 시간의 무한함을 나타내고 있습니다. 「여래수량품」은 『화엄경』 중에서 가장 짧은 품으로, 심왕보살이 모든 부처님의 수명에 대해 말하고 있습니다.

사바세계인 석가모니불 세계의 1겁은 극락세계인 아미타불세계의 1일1야(一日一夜)이고, 극락세계의 1겁은 가사당세계인 금강견불 세계의 1일1야(一日一夜)라고 합니다. 즉, 부처님의 수명은 세계의 근기에 따라 다르나 그 본체는 하나라는 상즉(相卽)의 경계임을 설하고 있습니다.

이런 겁(劫)의 시간에 비해 인간의 생이란 얼마나 짧은지요. 본래 인간의 수명은 1만 년이었으나 점점 공덕이 떨어져 100년에 이르게 되었다고 합니다.

남녀가 살아 있는 동물을 살생해서 그 피를 마시고, 나쁜 마음을 품고 악한 일을 행하며, 생명에 대한 자비심을 가지지 않고 악업을 거듭 쌓아가면 그 수명이 반드시 짧아집니다. 이에 반해 살생하지 않고, 불쌍히 여기는 마음과 자비로운 마음으로 일체

중생을 가까이 하면 수명이 긴 천계(天界)에 태어날 수 있습니다. 선업(善業)을 쌓으면 수명이 길어지고, 악업(惡業)을 지으면 수명이 짧아진다는 말입니다.

장수(長壽)는 인간의 오랜 열망이었습니다. 장수를 위해서는 어떤 기간이나 순간에만 자신의 건강을 돌볼 것이 아니라, 지속적으로 자신의 건강을 관리해야 합니다.

겁(劫)이란?

겁이란 무한히 긴 시간을 말하며, 이를 설명하는 데는 '반석겁'과 '겨자겁'이라는 두 가지 방법이 있다.

반석겁의 1겁이란, 1천 년에 한 번씩 선녀가 지상에 내려와 사방 1유순(由旬=약1km)의 바위를 옷깃으로 한 번 쓸고 다시 천상으로 올라갔다 1천 년 뒤에 내려와 다시 쓸고 가기를 반복하여, 그 큰 바위가 모래알만해지는 시간을 말한다.

겨자겁의 1겁이란, 사방이 1유순(由旬)의 쇠로 된 성(鐵城) 안에 겨자씨를 가득 채우고 100년마다 겨자씨 한 알씩을 꺼내어 그 안에 있는 겨자씨 전부를 다 꺼내어도 끝나지 않는 시간을 말한다.

한번 균형을 잃은 몸이 다시 본래 모습으로 돌아가기 위해서는 많은 시간이 필요하며, 사실상 원래의 건강한 상태로 되돌아가는 것은 불가능하기 때문입니다.

따라서 바로 '지금' 기존에 좋지 않았던 습관, 즉 악업을 버리고 좀 더 좋은 습관을 기르기 위해 노력해야 합니다. 우리의 마음공부도 마찬가지입니다. 육체의 건강이 업에 달린 것이라면,

업의 생산과 소산은 마음에 달린 것이기 때문에 마음공부는 훨씬 더 중요합니다.

깨달음의 시간은 순간이지만, 이 순간은 지속하는 수행의 시간 속에 언제나 살아 있는 시간입니다. 마찬가지로 한순간의 깨달음은 수많은 겁의 수행을 포함하며, 화엄 속에서는 순간과 영원이 공존합니다. 이것이 '상즉(相卽)'의 의미입니다.

32. 모든 곳에 계신 보살 – 제보살주처품

「제보살주처품(諸菩薩住處品)」에서는 심왕보살이 보살들의 거주처가 끝이 없음을 모든 대중에게 설하고 있습니다. 각 방향의 각 산에 수많은 보살들이 거주하고 계심을 이야기하며, 그 각 방향의 보살들이 수많은 권속들과 함께 법문을 설하고 있음을 알리는 것이 이 품의 내용입니다.

우리 주변에는 불교에서 그 연원을 찾아볼 수 있는 다양한 산 이름들이 있습니다. 해인사의 가야산도 부다가야에서 온 이름이고, 양양의 낙산사도 관음보살이 머무는 보타락가산에서 연

오대산 청량사 내 청량석(淸凉石)

원한 이름입니다.

중국 산서성(山西省)에 소재한 오대산(五台山)을 청량산이라 부르게 된 재미있는 이야기가 있습니다.

중국의 전설에 의하면, 본래 오대산이 있는 지방은 굉장히 무더운 곳이었다고 합니다. 그러나 문수보살이 동해 용궁에서 청량석을 가지고 와 산에 옮겨 놓은 뒤로 시원해졌다고 하네요. 이 청량석은 원래 용왕의 아들들이 쉬는 자리인데, 그들이 출타한 틈을 타서 문수보살이 그 바위를 훔쳐 왔다는 것입니다. 산의 이름도 여기에서 유래한 것 같습니다. 지금도 중국에 가면 그 바위가 있습니다.

화엄교학의 대성자 현수대사 법장의『화엄경 탐현기』권15에는 '동북방에 청량산이 있고 그곳에서 문수보살이 머무르며 2만 권속에게 설법하고 있다'는 내용에 대해 다음과 같이 기술하고 있습니다.

청량산이란 곧 이 대주(代州) 오대산(五臺山)을 말하며, 산 속에는 현재에도 옛 청량사가 있다. 겨울은 물론 여름에도 눈이 쌓이기 때문에 청량(淸凉)이라 부른다. 이 산과 문수보살은 신비한 감응이 많다.

또 해금강과 내금강 등은『화엄경』에 근거해 지어진 이름입니다. 1만2천 봉이라는 것도 마찬가지로『화엄경』에 나오는 법기보살과 그 대중들의 수에 근거하고 있습니다. 금강산의 최고봉을 비로봉이라고 하는데, 이것도『화엄경』의 주불인 비로자나불에서 연원한 이름임을 알 수 있습니다.

33. 부처님의 법을 생각하다 - 불부사의법품

『화엄경』에서는 부처님을 생각함에 있어 세 가지 방식을 제시하고 있습니다.

① 부처님의 법(法)을 생각하는 것

② 부처님의 몸(身)을 생각하는 것

③ 부처님의 공덕(功德)을 생각하는 것

「불부사의법품(佛不思議法品)」은 부처님의 법(가르침)의 특징에 대해 이야기하고 있습니다. 여기서는 청련화(靑蓮華)보살이 수행하여 생기는 부처님의 과덕(果德)의 불가사의함을 설합니다.

「불부사의법품」은 집회에 모인 보살들이 모든 부처님의 국토·청정한 서원·종성(種姓)·세상에 나오심·법신·음성·지혜·신통력의 자재·걸림 없는 머무름이라는 열 가지가 모두 불가사의하다고 생각한 것에서 시작됩니다.

부처님은 많은 보살들의 생각을 읽고, 청련화보살에게 부처님의 신통력과 지혜와 훌륭한 말솜씨를 주셨습니다. 부처님의 신통력을 받은 청련화보살은 연화장보살에게 부처님의 열 가지 과덕에 대하여 100 가지로 상세히 설명하고 있습니다.

이 가운데 예를 들면, 모든 부처님의 열 가지 머무름으로 향하는 법에 대하여 다음과 같이 말씀하십니다.

① 모든 부처님은 깨달음의 일체 법계에 머문다.

② 모든 부처님은 큰 자비에 머문다.

③ 모든 부처님은 본래 서원에 머문다.

④ 모든 부처님은 중생들을 버리지 않고 교화하는 일에 머문다.

⑤ 모든 부처님은 의지함이 없는 법에 머문다.

⑥ 모든 부처님은 허망함이 없는 법에 머문다.

⑦ 모든 부처님은 생각에 잘못이 없는 법에 머문다.

⑧ 모든 부처님은 걸림 없는 마음에 머문다.

⑨ 모든 부처님은 편안한 마음으로 머물러 아직 산란한 적이 없다.

⑩ 모든 부처님은 법이 평등하고 무너지지 않는 진여실제(眞如實際)에 머문다.

34. 부처님의 몸을 생각하다 – 여래십신상해품

「여래십신상해품(如來十身相海品)」에서는 부처님의 몸에 나타나는 신체적인 특징을 이야기하고 있습니다. 여기서는 보현보살이 여래만이 지닌 여러 가지 복덕(福德)의 모습을 설합니다.

간혹 우리는 구체적으로 표현할 수 없지만 사람마다 어떤 분위기가 풍겨짐을 느낄 때가 있습니다. 한 사람의 분위기는 그 사람이 그 시간까지 살아왔던 삶의 방식을 품고 있습니다. 불교가 내적인 수행을 중요시하고 드러나지 않는 업인 무표색(無表色)까지도 중요시하는 이유가 여기에 있습니다.

어떤 업 자체가 나타나지는 않더라도, 그 업을 반복할수록 그에 대한 행위가 축적되어 일반적인 모습으로 드러나게 되는 것입니다. 이는 어린 시절의 상흔이 어른이 되어서도 어떤 형태로든 다시 나타나는 것에서도 찾을 수 있는데, 현대 정신분석학의 영역에서 활발히 연구되어 활용되고 있기도 합니다.

보현보살이 부처님 몸에 갖춰진 96가지의 훌륭한 모습(大人相)을 들어 부처님의 뛰어난 공덕을 설명합니다. 먼저 부처님 정수리에 서른두 가지 모습이 있음을 밝힙니다.

222

첫째, 부처님 정수리에 대인(大人)의 모습이 있어 명정(明淨)이라 한다. 둘째, 그 모습이 서른두 가지 보배로 장엄하고 있다. 셋째, 빛의 작용은 한량없는 대광명의 그물을 놓는다. 넷째, 빛의 효과로서 일체 세계를 두루 비춘다⋯⋯

그리고 혀 모양에 대해서도 다음과 같이 설명합니다.

부처님 혀에 대인의 모습이 있으니 이름은 순법계운(順法界雲)이라 한다. 혀끝의 묘한 모양은 금빛의 깨끗한 보배로 장식되어 있고, 한량없는 금빛 광명을 내어 모든 부처님 바다를 두루 비추며, 큰 사자후로 묘한 음성을 떨쳐 일체 세계에 두루 도달하므로 일체 중생 가운데 듣지 못하는 사람이 없다네.

이외에도 눈썹 모양, 눈 모양, 코 모양에 대해 차례대로 밝힙니다. 이처럼 부처님의 신체적 특징을 하나하나 설명하면서 부처님이 대인상(大人相)이라는 것을 인지시켜 줍니다.

35. 빛의 공덕을 설하다 – 여래수호광명공덕품

「여래수호광명공덕품(如來隨好光明功德品)」은 「아승지품」과 같이 여래께서 직접 설하신 품입니다. 부처님께서 직접 보수보살에게 부처님 몸에서 나타나는 32상 80종호 가운데 광명을 발하는 빛의 공덕에 관해서 설하시고, 보수보살은 다시 일체 대중들에게 여래에게 갖추어져 있는 잘생긴 모습의 공덕을 이야기합니다.

「여래수호광명공덕품」에는 성적(性的) 차별이 없는 해탈에 대해 이야기하는 부분이 나옵니다. 많은 천녀(天女)가 발심하여 여인의 몸을 버리고 성불한다는 내용인데, 『법화경』의 '변성성불(變性成佛)'과 상통하는 부분이라 하겠습니다.

사실 불교만큼 남녀평등을 구현한 종교도 없을 것입니다. 다만, 여인의 몸으로 바로 성불하지 못하고 성(性)을 바꾸어서 성불한다고 하는 이야기는, 아마도 당시 여성을 차별한 불평등 사회상의 반영이라 할 것입니다.

36. 보살의 뛰어난 실천 – 보현행품

보현행(普賢行)이란 '진리의 세계인 법계에 들어감', 즉 법계에 들어가는 실천행인 보살도(菩薩道)를 말합니다. 이 보살행의 실천자가 보현보살입니다.

보현보살(普賢菩薩)이란 범어로는 사만타 브하드라 보디사트바(Samanta-bhadra bodhisattva)라고 하는데, 이를 중국에서 '보현보살(普賢菩薩)'이라고 번역한 것입니다. 이는 인도 말에 충실한 번역으로 '모든 방면에 길상(吉祥)이 있는', '모든 것에 뛰어난'의 의미를 지닙니다. 즉, 보현보살은 모든 방면에 뛰어난 행을 보인 보살이며, 보살도의 실천자라는 뜻이지요. 그가 행하는 보살행을 통하여 진리의 세계인 법계(法界)에 들어갈 수 있기 때문입니다.

실천이란 무작정 나오는 것이 아닙니다. 체계적으로 이론을 공부하고, 그것에 대해 깊이 사색함으로써 나오는 것입니다. 보현보살은 이론과 실천을 총괄하는 모든 보살의 모범으로 등장합니다.

사실 '보현'은 어느 특정한 보살의 이름이기보다는 우리가 행해야 하는 보살의 모습 그 자체라고 할 수 있습니다. 보살이 가야 할 길인 보살도(菩薩道)가 곧 보현보살의 행(行 실천)과 원(願 서원)이며, 이를 한 단어로 표현한 것이 '보현행원(普賢行願)'이기 때문입니다. 보현행원은 지혜와 자비의 실천, 자리(自利)와 이타(利他)가 서로 합해진 말입니다.

그리하여 「보현행품(普賢行品)」에서는 보살의 실천행에 대해 말하고 있습니다. 보현보살은 삼세제불(三世諸佛)과 평등한 인(因)을 설하는데, 특히 성내는 마음(瞋心)에 대해 이야기합니다. 이렇게 성내는 마음을 일으키면 어떤 장애가 있는지에 관해 이야기한 부분을 인용해 봅니다.

무엇을 백만의 장애라 하는가. 이른바 보리를 보지 못하는 장애, 바른 법을 듣지 못하는 장애, 부정한 세계에 나는 장애, 악취(惡趣)에 나는 장애, 여러 어려운 곳에 나는 장애, 병이 많은 장애, 비방을 받는 장애, 우둔한 길에 나는 장애, 바른 생각(正念)을 잃는 장애, 지혜가 모자라는 장애, 눈 장애, 귀 장애, 코 장애, 혀 장애, 몸 장애, 뜻 장애, 악지식 장애, 나쁜 동무(惡伴黨) 장애, 소승법 익히기를 좋아하는 장애, 용렬한 이를 친

근해 하는 장애, 큰 위력 있는 이를 믿지 않는 장애, 바른 소견 없는 사람과 함께 있기를 좋아하는 장애…(중략)…상호(相好)를 갖추지 못한 탓에 코가 망그러진 장애, 중생의 말을 잘 알지 못하는 탓에 혀(舌根)를 성취하는 장애, 중생을 업신여긴 탓에 몸(身根)을 성취하는 장애, 마음에 어지러움이 많은 탓에 뜻(意根)을 성취하는 장애, 세 가지 계율을 지니지 못한 탓에 몸의 업을 성취하는 장애, 네 가지 허물을 항상 일으킨 탓에 말의 업을 성취하는 장애, 탐욕·성냄·삿된 소견을 많이 낸 탓에 뜻의 업을 성취하는 장애입니다.…(중략)…불자들이여, 만일 보살이 모든 보살에게 한 번 성내는 마음을 일으키면 이러한 백만 가지 장애가 되는 문을 이루게 되나니, 무슨 연고인가! 불자들이여, 나는 어떤 법의 허물이라도 보살이 다른 보살에게 성내는 마음을 일으키는 것보다 더 큰 것을 보지 못하였도다.

성내는 마음은 마치 공덕의 창고를 불태워버리는 것과 같습니다. 성내는 말보다 부드러운 말, 화합하는 말 등을 해야 합니다. 「보현행품」에서는 모든 중생을 버리지 않고, 보살을 부처님

같이 생각하고, 모든 법을 부정하지 말고, 보살행을 아주 좋아하고, 열 가지 법을 닦아야 하고, 열 가지 청정함을 실천해야 하고, 열 가지 광대한 법을 갖추고, 열 가지 두루 들어가는 데 들어가고, 열 가지 승묘심을 갖고, 열 가지 부처님 법의 교묘한 지혜를 얻으면 바른 깨달음을 얻어서 삼세제불과 평등해진다고 설하고 있습니다.

이 모든 행의 근본이 되는 열 가지 법이란 다음과 같습니다.

① 마음에 일체 중생을 버리지 않는 것

② 여러 보살에게 여래라는 생각을 내는 것

③ 일체 불법을 영원히 비방하지 않는 것

④ 모든 국토가 다하지 않음을 아는 것

⑤ 보살의 행에 믿고 좋아함을 내는 것

⑥ 평등한 허공 법계 같은 보리심을 버리지 않는 것

⑦ 보리를 관찰하여 여래의 힘에 들어가는 것

⑧ 걸림 없는 변재를 부지런히 익히는 것

⑨ 중생 교화에 고달픔이 없는 것

⑩ 일체 세계에 머무르되 마음에 집착이 없는 것

우리는 「보현행품」에서 보현행의 구체적인 모습을 볼 수 있기도 하지만, 화내지 않는 일이 얼마나 어려운 것인가도 알 수 있습니다. 부지런히 보현행을 닦지 않으면 화를 내게 되고, 한 번 화를 내게 되면 지금껏 닦은 공덕이 무너져 내릴 위기에 처할 수도 있습니다. 마치 작은 불씨가 짚단을 송두리째 태우듯 말입니다. 어쩌면 우리는 한 번의 화를 참기 위해 그토록 많은 수행을 해야 하는 것인지도 모릅니다.

보살행이란 나만 즐거워서, 나를 위해서 행하는 것이 아닙니다. 내 행위 그 자체와 내 선한 행위의 대상이 서로 즐거워야 하고, 서로서로 보살의 길을 갈 수 있도록 독려하는 방식으로 행해져야 합니다. 그러기 위해서는 무엇보다 상호간에 깊이 공감하지 않으면 안 됩니다.

37. 무량한 법으로 나타나신 부처님 – 여래출현품

『화엄경』의 중심 사상으로 '여래출현(如來出現)', 즉 '여래성기(如來性起)'를 들 수 있습니다. 『화엄경』에서는 부처와 보살, 보살과 중생, 중생과 부처가 다르지 않음을 잘 보여주고 있을 뿐만 아니라, 일체 존재가 비로자나 부처님이 아닌 것이 없다고 말합니다. 우리 범부 중생이 그대로 부처임을 깨우쳐주고 있는 것입니다. 『화엄경』은 불(佛)세계를 설한 것이니, 부처님 세계는 예부터 본래 부처인 중생의 원력에 의해 이 땅에 구현되었음을 밝혀준 셈입니다.

「여래출현품(如來出現品)」에서는 성기묘덕(性起妙德)보살이 부처님을 향해 찬탄의 노래를 부릅니다. 성기보살이 부처님의 깨달음에 대해 묻자, 부처님께서는 여래출현의 인연에 대해 말씀하십니다. 여래는 열 가지 인연으로 출현하며, 그 열 가지 인연이란 모습·말씀·마음·경계·행위·깨달음·대중교화·열반·만남·전생의 선근이라고 설명하십니다. 그리고 여래출현을 맞이하는 마음가짐에 대하여 다음과 같이 설하십니다.

만약 부처님 경계를 알고자 한다면
생각을 허공처럼 맑게 하라
모든 망상과 집착 다 버리고
향하는 마음 모두 걸림 없도록 하라

법문을 듣는다는 의미는, 들음으로써 자기의 견해를 버리는 것을 말합니다. 자기가 알고 있는 것으로 맞추려 하면 새로운 것을 받아들일 수 없습니다. 마음을 허공처럼 맑게 비워두어야만 합니다. 마음을 비우고 망상과 집착을 다 버리면 부처님의 경계를 알게 됩니다. 이러한 마음가짐이 아니면 부처님이 출현하셔도 보지 못합니다. 부처님을 알아보는 마음은 맑은 마음·밝은 마음이 아니고는 안 되기 때문입니다.

　우리가 마음을 닦아 그것에 호응하지 못하면 우리는 여래의 출현을 알지 못합니다. 이 품에서 부처님의 출현을 묻는 '성기묘덕보살'이라는 이름의 '성기(性起)'는 그렇게 우리의 마음과 마음의 '일어남'을 의미합니다.

　여래의 마음을 일으킴, 곧 성기(性起)는 우리 마음 본연의 청정함을 전제로 하고 있습니다. 부처님의 마음이 없다면 어떻게 중생이 여래의 출현을 알 수 있겠습니까?

　「여래출현품」에서 성기묘덕보살이 묻고 있는 것은, 여래께서 출현하시는 법뿐만이 아닙니다. 여래의 출현을 어떻게 알 수 있는가를 묻고 있는 것입니다.

　성기묘덕보살의 '여래·응공·정등각께서 출현하는 법'에 대한 질문에 답하는 보현보살의 답변을 들어봅시다.

과거에 부처님 계신 데서 큰 법의 구름과 비를 듣고 받아 지
니어 능히 여래의 네 가지 큰 지혜바람들레(大智風輪)를 일으
키나니, 무엇이 넷인가. 하나는 기억하고 잊지 않은 총지(陀
羅尼)의 큰 지혜바람들레니 모든 큰 여래의 법 구름과 비를
능히 지니는 연고요, 둘은 그치고(止) 관찰함(觀)을 내는 큰
지혜바람들레니 일체 번뇌를 능히 소멸하는 연고요, 셋은 교
묘하게 회향하는 큰 지혜바람들레니 모든 선근을 능히 성취
하는 연고요, 넷은 더러운 때(垢)를 여의는 차별한 장엄을 내
는 큰 지혜바람들레니 과거에 교화한 일체 중생으로 하여금
선근이 청정하여 여래의 새지 않는(無漏) 선근의 힘을 성취케
하는 연고이다. 여래께서 이와 같이 하여 다 옳은 깨달음(等
正覺)을 성취하거니와, 법의 성품이 으레 그런 것이고 내는
이도 없고 짓는 이도 없지마는 깨달음은 성취되는 것이다.

여래가 출현하시는 법은 다음의 네 가지 수행으로 알 수 있습
니다.

① 기억하고 잊지 않는 '염(念)' 수행입니다. 염은 사념처(四念
  處 몸·느낌·마음·법)를 대상으로 하여 언제나 자신의 마음
  을 챙기는 수행을 말합니다. 마음 챙기는 것을 잊거나 놓치
  지 않고 지속시켜 나가는 것이 '염'을 통한 수행입니다.

② 그치고 관찰하는 '지관(止觀)' 수행입니다. 마음을 가라앉
  혀 고요한 삼매를 얻고, 번뇌 망상이 일어나면 그것을 멈
  추고(止), 그것이 일어나는 인연을 면밀하게 살펴(觀) 알아
  차리는 수행입니다. '지관' 수행은 우리 불교의 가장 전통
  적인 수행으로, 많은 큰스님들을 고도의 경지로 이끌었던
  수행법입니다.

③ '회향'은 '돌이켜 향한다'는 뜻으로, 대승불교에서 가장 중
  요한 가치를 부여하는 수행입니다. 보살이 이승(二乘 성문
  과 연각)과 다른 것은, 깨달음이 향하는 바가 스스로의 해
  탈이 아니라 모든 중생의 해탈에 있다는 점입니다. 모든
  중생으로의 회향이 성취되어야 하기 때문에 계속되는 생
  사와 윤회 속에서도 닦은 만큼의 선근(善根)으로 쉼 없이
  정진할 수 있는 것입니다.

④ 깨달음의 지혜도 '간택(揀擇)', 즉 잘 분간하여 선택해야 합

니다. 지혜는 해야 할 것과 하지 말아야 할 것, 좋은 것과 나쁜 것, 선한 것과 악한 것을 명확히 구분합니다. 지혜는 없는 것과 하지 말아야 하는 것, 나쁜 것과 악한 것을 멀리 여의고, 실재하는 것과 해야 하는 것, 좋은 것과 선한 것을 추구하게 합니다.

부처님은 저 먼 곳에 계시는 것이 아닙니다. 이렇게 우리가 우리의 선근을 닦고, 본연의 청정한 마음을 드러내려고 하는 모든 노력 속에서 출현하십니다. 우리가 흔들리는 것은 그런 여래의 출현에 눈을 감기 때문이고, 마장(魔障 마귀의 장난)으로 인해 좋지 못한 방향으로 가고 있기 때문입니다. 그때마다 언제나 광명의 부처님을 생각하며 청정한 마음을 드러내도록 노력해야 합니다.

「여래출현품」에는 '부처님의 가르침을 믿고 배우며 이를 받아 지니면 진실한 부처님의 제자가 된다'는 말이 있습니다. 부처님의 출현에는 추호의 의심도 없이 일심으로 믿고 배워 받아 지녀야 합니다.

보광명전

제7회 설법과 마찬가지로, 제8회의 설법이 이루어진 곳도
보광명전입니다. 이제까지는 수행의 계위를 설하였는데,
「이세간품」에서는 모든 지위를 포섭하여
실제적 수행을 설하고 있습니다.

38. 세상 속의 깨달음, 깨달음 속의 세상 – 이세간품

「이세간품(離世間品)」은 제8회의 서론과 본론입니다. 모든 지위(地位)를 포섭한 실제적인 보살의 수행이며, 보살의 실천행을 통괄하는 품입니다. 「이세간품」 또한 별행본으로, 대본 『화엄경』의 성립 이전에 이미 「도세경(度世經)」이라는 경으로 유포되었던 품입니다.

'이세간(離世間)'이란 '세간을 떠난다', '세간을 여의다'라는 뜻입니다. 우선 세간(世間)이 무엇이며, 여읜다는 것은 어떠한 경계인지를 짚어봅시다.

이세간이란 '처염상정(處染常淨)'을 말하는 것으로, 중생계에 있으나 물들지 않은 경계를 뜻합니다. 즉, 오염된 곳에 처해 있으면서도 항상 깨끗함을 유지한다는 것이지요. 오염된 곳은 세속의 세계요, 중생의 세계요, 깨닫지 못한 세계를 말합니다.

이 품에서는 이세간을 연꽃에 비유하고 있습니다. 연꽃은 더러운 진흙탕 속에 뿌리를 두고 있지만, 그 잎이나 꽃은 더러움에 물들지 않고 항상 청정함을 유지한다는 데서 나온 것이지요.

보살행으로 말하면 '동사섭(同事攝)'이라고 할 수 있습니다.

동사섭이란 보살이 중생 속에서 함께 일하면서 중생을 제도하는 것으로, 보살이 중생 속에 들어가서 함께 생활하면서도 중생계에 물들지 않고 오히려 그 중생을 제도하는 것을 말합니다.

원융과 회통을 강조하는 『화엄경』의 해탈관은, 세간과 출세간을 나누어 생각하지 않는 불교의 특징을 잘 드러내고 있습니다. 세상 속에서의 삶과 깨달음의 세계를 동시에 산다는 것은 수행자들에게 깊은 고민과 고통을 안겨줍니다. 불교는 이런 수행자들의 고통과 실천을 통해 우리 삶에 깊이 뿌리내리게 된 것이지요.

이제 「이세간품」의 내용을 좀 살펴볼까요?

부처님께서 마가다국의 고요한 법보리장 근처의 보광명전에 계시었는데, 보현보살이 불화장엄삼매에 들었다가 일어나자 보혜보살이 묻습니다.

어떤 것이 보살의 의지며, 기특한 생각이며, 행이며, 선지식이며, 부지런한 정진이며, 마음의 편안함을 얻음이며, 중생을 성취함이며, 계율이며, 스스로 수기(授記)받을 줄 앎이며, 보살이 안온에 들어감이며, 여래에 들어감이며, 중생의 마음에 들

237

어감이며, ······여래의 완전한 열반(般涅槃)을 보이심입니까?

이렇게 2백 가지의 질문을 하자, 이에 보현보살은 한 가지 물음에 열 가지씩 대답하여 모두 2천 개의 답을 주셨습니다.

처음 2백 가지의 대답은 십신행(十信行)을 말하고, 두 번째 2백 가지의 대답은 십주행(十住行)을 말하고, 세 번째 3백 가지의 대답은 십행행(十行行)을 말하고, 네 번째 2백90가지의 대답은 십회향행(十回向行)을 말하고, 다섯 번째 5백 가지의 대답은 십지행(十地行)을 말하고, 여섯 번째 5백10가지의 대답은 인(因)이 원만하고 과(果)가 만족함을 말한 것이니, 이것은 곧 등각(等覺)의 지위입니다.

또한 열 가지 보현보살의 마음인 십보현심(十普賢心) 가운데 "대자심을 발함은 중생들을 고통에서 구하기 위함이요, 대비심을 발함은 중생들의 고통을 대신해서 받기 위함이라"고 하시며, 자심(慈心)과 비심(悲心)에 대하여 말씀하셨습니다.

먼저 청정한 자(慈)의 마음입니다.

① 마음이 평등하여 차별하지 않겠다는 깨끗한 자(慈)의 마음

② 중생을 이롭게 하겠다는 깨끗한 자(慈)의 마음

③ 중생제도를 자기 몸같이 하겠다는 깨끗한 자(慈)의 마음

④ 세상의 중생을 버리지 않겠다는 깨끗한 자(慈)의 마음

⑤ 반드시 해탈하겠다는 깨끗한 자(慈)의 마음

⑥ 보리를 내겠다는 깨끗한 자(慈)의 마음

⑦ 세상을 비추어 장애가 없어지게 하겠다는 깨끗한 자(慈)의 마음

⑧ 허공처럼 온 세계에 충만하겠다는 깨끗한 자(慈)의 마음

⑨ 진리에 인연하겠다는 깨끗한 자(慈)의 마음

⑩ 조건 없는 중생구제를 하겠다는 깨끗한 자(慈)의 마음

보살이 이러한 경지에 머무른다면 부처님의 광대하고 맑디맑은 청정한 자(慈)의 마음을 터득한 것이 됩니다.

이어서 청정한 비(悲)의 마음입니다.

① 홀로 마음을 내겠다는 깨끗한 비(悲)의 마음

② 중생의 고통을 대신 받아도 감내하겠다는 깨끗한 비(悲)의 마음

③ 중생제도를 위해서라면 성불할 수 없다는 8난처에 태어나는 것도 감수하겠다는 깨끗한 비(悲)의 마음

④ 중생에게 천당 등 좋은 곳에 태어남을 보여주겠다는 깨끗

한 비(悲)의 마음

⑤ 삿된 곳에 태어난 중생까지도 구제하겠다는 깨끗한 비
(悲)의 마음

⑥ 자신의 즐거움에 안주하지 않겠다는 깨끗한 비(悲)의 마음

⑦ 과보나 은덕을 바라지 않겠다는 깨끗한 비(悲)의 마음

⑧ 반드시 잘못된 망상을 제거하겠다는 깨끗한 비(悲)의 마음

중생을 자신의 몸처럼 아끼고 사랑하는 마음이 아니면 이러
한 자비심은 절대로 우러나지 않을 것입니다.

다음으로 불법을 위해 멀리해야 할 것에 대해서도 말씀하셨
습니다. 선지식을 가벼이 여기고, 생사고를 두려워하고, 보살행
을 싫어하고, 삼매에 탐착하고, 선근을 붙잡고, 정법을 비방하
고, 보살행을 얻고, 이승도(二乘道)를 좋아하고, 모든 보살을 혐
오하고 싫어하며, 세간에 머물기 싫어함을 경계해야 한다는 것
이지요. 이외에도 열 가지 의지가 되는 것, 열 가지 계율, 법연
심, 말 등을 버려야 한다고 이야기합니다. 그래야 보살의 마음
이 강화되어 모든 보살행을 행하게 된다는 것이지요.

「이세간품」에서는 또한 불교의 계율 사상, 즉 보살행의 근본
정신이 잘 드러나 있습니다. 특히 보살이 지켜야 할 열 가지 계

240

(戒)에 대해 말하는데, 이들 계는 초기 경전의 계율처럼 구체적이진 않지만, 금지나 부정보다는 보살이 적극적으로 추구해야 할 덕목이라는 점에서 주목할 필요가 있습니다. 이 열 가지 '계'는 '지킴'과 '다짐'의 의미가 있어서 수행의 예비단계라기보다는 수행 그 자체의 방향을 설정하는 능동적인 역할을 하고 있습니다.

① 보리심을 버리지 않겠다는 계

② 성문·연각 등 이승의 지위를 벗어나겠다는 계

③ 중생에게 이익되는 것만 관찰하겠다는 계

④ 중생을 부처님의 가르침에 머무르게 하겠다는 계

⑤ 보살행을 따라 배우겠다는 계

⑥ 얻을 것도 얻을 대상도 없음을 따라 배우겠다는 계

⑦ 선근을 보리에 회향하겠다는 계

⑧ 부처의 몸에도 집착하지 않겠다는 계

⑨ 모든 대상의 집착에서 벗어나겠다는 계

⑩ 선근의 근본인 율의(律儀)에 근거하여 살겠다는 계

다음으로 열 가지 마(魔)에 대한 교설도 있습니다. 색·수·상·행·식의 오음, 번뇌, 업, 거짓된 마음, 죽음, 천당이나 하늘

세계에 태어나는 것, 선근을 잃는 것, 삼매에 집착하여 즐기는 것, 스승의 그늘에 가려서 극복하지 못하는 것, 보리정법을 알지 못하는 것 등도 수행을 방해하는 마라고 합니다.

마(魔)는 귀신의 우연적인 장난이 아니라, 우리의 환경과 우리 자신이 만들어내는 모든 장애와 저항을 말합니다. 우리가 힘차게 정진할수록 그것은 더욱 우리의 발목을 잡을 것이므로, 언제든 저항을 극복할 수행의 힘을 축적해 놓아야 합니다.

정진의 힘은 선업(善業)으로부터 나오고, 선근(善根)으로부터 나옵니다. 마장의 유혹에 넘어가지 않으려면, 자신이 정말 올바른 수행을 하고 있는지, 정말로 깨달음으로 이끌어주는 수행을 하고 있는지를 항상 확인하고 살펴야 할 것입니다.

그리고 보살의 열 가지 행(行)에 대해서도 설하고 있는데, 일체중생으로 하여금 바른 정법을 구하게 하는 것이야말로 보살행이기 때문입니다. 열 가지 행이란 선근을 완전히 성숙하게 하는 행, 일체 계율을 잘 배우는 행, 일체 선근을 기르는 행, 오직 일심(一心)으로 삼매를 닦는 행, 일체 지혜를 분별하는 행, 일체 닦을 바를 닦아서 익히는 행, 일체 세계를 장엄하는 행, 선지식을 공양하고 공경하는 행, 모든 부처님을 공양하고 공경하는 행입니다. 이 열 가지 행을 실천하면 부처님이 닦은 행과 같은 수행을 완성할 수 있다고 합니다.

보현보살은 보살이 중생을 구제하기 위해서는 부정한 세계, 청정한 세계, 소(작은)세계, 중간세계, 미진세계, 내려다보는 세계, 올려다보는 세계, 부처님이 계시는 세계, 부처님이 계시지 않는 세계 등 열 가지 세계에 들어가야 한다고 말씀하십니다.

또한 열 가지 자재(自在)에 대해서도 설명하고 있습니다. 즉 수명(壽命)자재, 심(心)자재, 장엄(莊嚴)자재, 업(業)자재, 태를

십력(十力)이란?

십력이란 부처님이 갖추고 계신 열 가지 능력을 말한다.

1. 옳고 그른 도리(道理)를 판별하는 지혜의 능력
2. 선업(善業)과 악업(惡業), 그 과보(果報)를 명확히 아는 지혜의 능력
3. 선정해탈을 명확히 아는 지혜의 능력
4. 각각의 중생들의 근기(根機 가르침을 받는 자의 선천적인 능력)를 명백히 아는 지혜의 능력
5. 각각의 중생들의 의욕과 성향을 명백히 아는 지혜의 능력
6. 중생의 과(果)와 그 과(果)의 성품을 명확히 아는 지혜의 능력
7. 수행 방법과 함께 도(道)에 나아감을 명백히 아는 지혜의 능력
8. 중생의 과거의 일을 명백히 아는 지혜의 능력
9. 미래의 일을 정확히 아는 지혜의 능력
10. 일체 번뇌가 다한 것을 명확히 아는 지혜의 능력

받는데 골라서 태어난다는 수생(受生)자재, 해탈(解脫)자재, 원(願)자재, 신력(神力)자재, 법(法)자재, 한 생각에 십력(十力)과 사무소외(四無所畏)를 깨닫는 지(知)자재가 그것입니다.

이처럼 「이세간품」에서는 보살의 실천, 보살의 삶에 대해 여러 가지로 설명하고 있습니다.

사무소외(四無所畏)란?

사무소외란 부처와 보살이 지니는 정신적인 덕성의 하나로, 부처와 보살은 중생들을 교화할 때 네 가지 두려움 없는 자신감으로 설법을 한다.

부처의 사무소외

1. '나는 일체법(一切法)을 깨달았다'는 두려움 없는 자신
2. '나는 일체의 번뇌를 모두 끊었다'는 두려움 없는 자신
3. '나는 깨달음에 장애가 되는 것을 모두 말했다'는 두려움 없는 자신
4. '나는 괴로움의 세계에서 벗어나 해탈(解脫)에 이르는 길을 모두 말했다'는 두려움 없는 자신

보살의 사무소외

1. 교법(敎法)을 잊지 않고 잘 기억하여 설법함에 두려움 없는 자신
2. 모든 중생의 근기(根機)를 잘 알아 그에 대한 적절한 설법을 하는 데 두려움 없는 자신
3. 중생의 의문을 해결해 주는 데 두려움 없는 자신
4. 모든 물음에 대해 자유자재로 대답할 수 있는 두려움 없는 자신

급고독원

제9회의 설법은 급고독원 혹은
기원정사라고 불리는 곳에서 이루어집니다.
「이세간품」까지 말한 수행계위를
선재동자라는 한 수행자가 실천하여
깨달음을 얻는 과정을 보여줍니다.

🧘 법계(法界)

화엄교학의 꽃이라 할 수 있는 법계(法界)란 '진리의 본성' 내지는 '진리의 세계'를 의미합니다.

법(法)은 산스크리트로는 'Dharma(다르마)', 빨리어로는 'Dhamma(담마)'라고 합니다. 이를 중국에서 음역(音譯)하여 달마(達摩), 타마(馱摩), 타마(陀摩), 담마(曇摩), 담모(曇謨), 담무(曇無)라 하였으며, 어떤 경우에는 담(曇)이라고도 부르기도 합니다. 법(Dharma)은 원래 '유지하다(護持)'라는 의미를 지닌 말로, 질서·관례·풍습·습관·법칙·규칙 등을 의미하는 단어입니다.

계(界)란 산스크리트와 빨리어로 'dhātu(다투)'인데, 성분·요소·신체의 근본 요소·시간·층(層)·근본을 의미합니다.

이처럼 법계는 각각의 의미를 가진 두 단어가 합해진 말로, 그 해석이나 설명이 단순하지 않습니다. 법계는 진리의 외적인 모습과 내적인 본질을 모두 다 포함하고 있어서, 경(經)이나 논소(論疏)에 따라 다른 의미로 쓰여 왔기 때문입니다. 시대와 장소 혹은 학파나 종파에 따라서 전혀 다른 의미를 취했던 까닭에 법계의 의미는 더욱 다양해지고 복잡해졌습니다.

화엄종에서는 '법계'를 『화엄경』의 세계관 또는 진리관을 나타내는 핵심 용어로 파악하고 있습니다. 일반적으로 법계는 '세계' 내지는 '우주'를 의미합니다. 그러나 외적인 현상보다는 본질적인 면을 중시하는 의미로 '법계성(法界性)'이라고 설한 경우도 있는데, 이때는 '본질' 혹은 '진리'를 의미합니다. 즉 진리의 본성인 깨달음의 세계를 나타낸다고 할 수 있지요.

1) 사법계(四法界)

법계는 한마디로 말하자면, 모든 것이 나오고 모든 것이 들어가는 곳입니다. 법계로부터 낱낱의 것이 출현하며, 그것은 다시 법계로 흡수된다는 말이지요. 이런 법계의 모습을 가장 명확하게 드러내고 있는 것이 화엄교학의 사법계(四法界)입니다.

이 사법계는 유교의 이기론(理氣), 서양철학의 실제와 현상에 관한 논의들을 유심(唯心)이라는 말로 총괄하고 있습니다. 또한, 궁극적으로는 '모든 존재의 구제'라는 대승불교 고유의 실천적 목적을 드러내고 있습니다.

① 사법계(事法界)

사법계는 현실의 세계, 곧 천차만별의 세계를 말합니다. 철학용어로는 현상세계 또는 객관세계라고도 하는데, 이 현상세계로부터 우주의 진리를 관찰하는 것이지요.

② 이법계(理法界)

이법계는 진리의 세계, 공(空)의 세계, 근본(本體)의 세계라는 뜻입니다. 교리적으로 말하자면 중관(中觀) 또는 반야공관(般若空觀)을 수행하는 불교를 말하는 것이지요.

현상세계인 사법계에 존재하는 존재들의 근원을 살펴보면, 그 내면에는 공성(空性)이 있음을 알 수 있습니다. 다시 말하면, 현상세계의 차별성을 떠나 그 이면에 있는 이치의 세계, 또는 아직 경험하지 못한 초경험적 세계가 존재하고 있다는 말이지요. 이것을 이(理)의 세계, 즉 이법계라고 합니다.

③ 이사무애법계(理事無碍法界)

이사무애법계는 현상세계(事法界)와 본체(理法界)가 따로 구분되어 있는 것이 아니라, 서로서로 하나로 원융(圓融)하여 존재한다고 봅니다. 그러므로 현상세계가 곧 진리세계이고, 진리세계가 곧바로 현상세계라고 보는 것이지요. 다시 말해서, 둘인 것 같으면서도 둘이 아닌 것을 말한다고 하겠습니다.

예를 들면 물(水)은 무엇을 배합하느냐에 따라서 모양이나 색깔이 달라지는데, 이와 같은 이치로 설명할 수 있습니다. 그러므로 '색즉공(色卽空)'이요 '공즉색(空卽色)'이라고 관찰하는 것을 이사무애라고 합니다.

④ 사사무애법계(事事無碍法界)

사사무애법계란 현상세계와 현상세계, 현상세계와 본체가 원융하여 막히거나 장애되는 것이 없다는 뜻입니다. 사사무애의 이치에 의하여 일심법계(一心法界)의 교설을 세운 것이 화엄사상인 것이지요.

현상을 나타내는 사법계(事法界)에서는 산과 물이 따로따로 분리되어 있습니다. 따라서 거기에 사람이 끼더라도 산 따로, 물 따로, 사람 따로이기에 같은 모습(同相)의 연결 고리를 찾지 못합니다. 그러나 사사무애법계(事事無碍法界)는 사람이 산도 되고, 산이 사람도 되고, 산이 물도 되고, 물이 산도 되고, 사람이 물도 되고, 물이 사람도 됩니다. 이렇게 서로 원융무애(圓融無碍)한 것입니다. 사람의 마음과 사물이 오로지 하나가 되는 세계, 그 세계는 모든 분별이 없는 절대의 세계인 것입니다.

사사무애법계의 내용을 가장 잘 설명한 것이 화엄사상의 극치라고 할 수 있는 십현문과 육상문입니다.

2) 십현문(十玄門)

화엄종의 열 가지 중요한 교의(教義)로, 사사무애법계(事事無礙法界)의 특징을 열 가지 측면에서 설명한 내용입니다. 열 가지 특징이 서로 연(緣)이 되어 다른 특징을 일으키기 때문에 십현연기(十玄緣起)라고도 합니다.

① 동시구족상응문(同時具足相應門)

존재하는 모든 것(萬有)은 시간과 공간을 통하여 서로서로 하나가 되기도 하고 교류하기도 하면서 상즉상입(相卽相入) 연기하는 것으로, 과거·현재·미래가 반드시 동시에 서로 응한다는 뜻입니다.

② 광협자재무애문(廣狹自在無碍門)

순일(純一)한 것 가운데 다양한 것이 그대로 덕을 갖추고 있어 서로 구애받지 아니하는 것을 말합니다.

③ 일다상용부동문(一多相容不同門)

하나 속에 전체가 있고 전체 또한 하나로 이루어져서 하나와 전체가 서로서로 걸림이 없이 자유로우면서도 각자의 특성을 잃지 않고 유지하는 것을 말합니다.

④ 제법상즉자재문(諸法相卽自在門)

일즉일체(一卽一切), 즉 하나가 일체법을 통섭하고 일체법이 하나에 통섭되어 두루 걸림이 없는 것을 말합니다.

⑤ 은밀현료구성문(隱密顯了俱成門)

연기하는 모든 것은 밖으로 드러나지 않아 볼 수 없는 것(隱)과 볼 수 있는 것(顯)으로 이루어져 있어서, 개체(一)가 드러나면 몸통(多)은 숨고, 몸통(多)이 드러나면 개체(一)는 감추어집니다. 또 서로 하나(相卽)가 되기도 하고 서로서로 교류(相入)하기도 하는 것을 말합니다.

⑥ 미세상용안립문(微細相容安立門)

개체(一)가 능히 전체(多)를 포함하고, 전체가 능히 개체를 거두어 서로 막거나 방해하지 않고 용납하는 것을 말합니다.

⑦ 인다라망경계문(因陀羅網境界門)

우주의 모든 존재가 겹겹으로 끝없이(重重無盡) 서로 얽히고 설켜 있는 상즉상입의 관계를 나타낸 것입니다. 우주의 모든 사물도 서로 융합융통(融合融通)하면서 끝없는 광명을 발하지만,

서로 아무런 장애가 없을 뿐만 아니라 오히려 서로를 성장시켜
준다는 상생(相生)의 뜻입니다.

⑧ 탁사현법생해문(託事顯法生解門)

사실에 의탁하여 바른 법을 나타낸다는 의미로, 현상계의 사
물 그대로가 진리임을 가리킵니다.

⑨ 십세격법이성문(十世隔法異成門)

시간적으로 서로 장애가 없음을 나타낸 것으로, 곧 상즉원융
(相卽圓融)의 사상을 말합니다. 현재의 한 사건 속에 과거·현재·
미래의 사건 전체가 나타난다는 뜻입니다.

⑩ 주반원명구덕문(主伴圓明具德門)

우주의 존재는 그 어느 것도 홀로 일어나지 않으므로, 법계에
서는 어떤 것도 주인 아닌 것이 없다는 뜻입니다. 즉, 주연배우
와 조연배우 모두가 있어야만 영화가 완성되는 것과 같은 이치
이지요.

3) 육상문(六相門)

육상문은 무진연기의 실상을 보여주는 것으로서 십현연기와
함께 화엄교학의 중요한 가르침입니다. 육상은 총(總)·별(別),

동(同)·이(異), 성(成)·괴(壞)의 서로 대립되는 세 쌍을 가리킵
니다. 이들이 서로서로 원융하여 걸림 없는 관계에 놓여 있어,
하나에 다른 다섯이 포함되면서도 여섯의 모습이 제 모습을 손
상하지 않고 법계연기가 성립된다고 하여 '육상원융문(六相圓
融門)'이라고도 합니다.

① 총상(總相)과 별상(別相)

총상은 전체를 말하고, 별상은 부분을 말합니다.

② 동상(同相)과 이상(異相)

동상은 같은 성질의 것을 말하고, 이상은 각양각색의 모습을
말합니다.

③ 성상(成相)과 괴상(壞相)

성상은 여러 기능이 조합되어 하나의 완성체를 이루는 것을
말하고, 괴상은 그들이 각각 독자적 위치를 차지하고 제 역할을
하는 것을 말합니다.

이 육상 가운데 총상·동상·성상은 '평등'의 관점에서 바라본
것이며, 별상·이상·괴상은 '차별'의 관점에서 바라본 것입니
다. 이는 서로서로 상반되거나 대립되는 개념을 원융사상을 통
하여 하나의 통일된 입장을 가지도록 하는 화합의 원리이며, 육

상원융의 근본 취지이기도 합니다.

　이를 위해서는 사상·이념·지역·문화·종교·성별의 차별과 반목 대립을 극복하고, 모두가 '하나'라는 생각, 즉 불성을 지닌 존귀한 존재라는 인식의 전환이 요구됩니다. 따라서 『화엄경』에서는 '초발심시변정각', '일행일체행(一行一切行)', '일단일체단(一斷一切斷)'이라는 수행론을 설합니다. 즉, 관념이나 이론이 아닌 실천을 요구하고 있는 것이지요.

　이 육상 가운데 평등한 것을 '원융문(圓融門)', 차별의 세계를 '항포문(行布門)'이라고 하는데, 실은 원융문 속에 항포문이 들어 있고 항포문 속에 원융문이 포함되어 있다고 파악합니다. 즉 진리의 세계인 법계(法界)는 '상즉상입'과 사사무애(事事無碍)하다는 것을 나타내고 있습니다.

선지식(善知識)과 구법여행

일반적으로 선지식이란 인생을 살아가는 올바른 도리와 이치를 가르쳐 주는 분으로, '인생의 스승' 또는 '의지자'를 말합니다. 특히 불교에서는 '진리를 깨우쳐 주는 분'을 선지식이라고 하지요. 『화엄경』에서는 「입법계품」 중에 덕생동자와 유덕동녀가 선재동자에게 '선지식이란 어떤 존재인가'에 대해 설명하는 부분이 나옵니다.

선지식은 자애로운 어머니이니, 부처님의 집에 태어나기 때문이다. 선지식은 자애로운 아버지이니, 한량없는 일로 중생들을 이롭게 한다. 선지식은 자애로운 큰 스승이고, 좋은 길로 인도하는 스승이며, 훌륭한 의사이고, 뱃사공이다.

가르침을 받은 선재동자는 두 스승들 앞에 나아가 엎드려 절하며 답합니다.

저는 이제 참다운 선지식(스승)을 만났습니다. 선지식은 온갖 지혜에 나아가는 문이니, 진실한 도(道)에 들게 하며, 선지식은 온갖 지혜에 나아가는 법이니 여래의 지위에 이르게 하며, 선지식은 온갖 지혜에 나아가는 배이니 지혜 보배의 섬에 이르게 하며, 선지식은 온갖 지혜에 나아가는 횃불이니 열 가지 힘(十力)의 빛을 내게 하며, 선지식은 온갖 지혜에 나아가는 길이니 열반(涅槃)의 성(城)에 들어가게 하며, 선지식은 온갖 지혜에 나아가는 등불이니 평탄하고 험한 길을 보게 하며, 선지식은 온갖 지혜에 나아가는 다리이니 험난한 곳을 건너게 하는 까닭이며, 선지식은 온갖 지혜에 나아가는 양산이니 크게 인자한 그늘을 내게 하며, 선지식은 온갖 지혜에 나아가는 눈이니 진리(法)의 성품의 문을 보게 하며, 선지식은 온갖 지혜에 나아가는 조수(潮水 밀물과 썰물)니 크게 가엾이 여기는 물을 만족케 하네.

인생에서 선지식(스승)이라고 부를 수 있는 사람을 만나는 것은 지극히 어려운 일입니다. 단 한 사람이라도 진정한 선지식을 만날 수만 있다면, 그 선지식에 의해 운명이 바뀔 수도 있을 것입니다. 『법구경』에도 다음과 같은 말씀이 있습니다.

악한 친구와 어울리지 말고, 비천하고 졸렬한 사람과 벗하지 말라. 착한 친구와 어울리고 훌륭한 스승을 벗하여야 한다.

또한 「입법계품」에서 선재동자는 기쁜 눈으로 중생을 보는 밤의 신(喜目觀察衆生夜神)을 찾아가 선지식의 가르침을 공경하고, 선지식의 말을 실행하면서 생각합니다.

선지식은 보기 어렵고 만나기 어려우니, 선지식을 보면 마음이 어지럽지 않고 맑아지며, 장애(障礙)의 산을 깨뜨리고, 대자비의 바다에 들어가 중생을 구호하고, 지혜의 빛을 얻어 법계(法界)를 널리 비추고, 온갖 지혜의 길을 다 수행하고, 우주에 존재하는 수많은 부처님을 모두 친견하고, 부처님들이 법륜(法輪) 굴리는 것을 보고 기억하여 잊지 아니하리라.

이때 기쁜 눈으로 중생을 보는 밤의 신은 선재동자에게 가피(加被)하여 선지식을 만나면 선근이 자라나고 성숙해진다는 것을 깨닫게 합니다.

도를 도와주는 길을 닦아 깨닫게 하고, 용맹한 마음을 일으킴을 깨닫게 하고, 깨뜨릴 수 없는 업을 지음을 깨닫게 하고, 굴복할 수 없는 힘을 얻음을 깨닫게 하고, 그지없는 방편에 들어감을 깨닫게 하고, 오래도록 수행함을 깨닫게 하고, 그지없는 업을 마련함을 깨닫게 하고, 한량없는 도를 행함을 깨닫게 하고, 빠른 힘을 얻어 여러 세계의 이름을 깨닫게 하고, 본래 있던 곳을 떠나지 않고도 시방세계의 이름을 모두 다 깨닫게 하지요.

그리하여 선재동자는 선지식을 친견하고 이렇게 다짐하지요.

온갖 지혜의 길을 용맹하게 닦고, 큰 서원(誓願)을 빨리 내도록 하고, 모든 중생을 위해서는 오는 세월이 끝나도록 그지없는 고통을 받을 수 있고, 크게 정진하는 갑옷을 입고, 한 티끌 속에서 법을 말하는 소리가 법계에 두루 미치고, 모든 방향들에 빨리 가도록 하고, 한 터럭만한 곳에서도 오는 세월이 다 하도록 보살의 행을 닦고, 순간순간마다 보살의 행을 행하여 끝까지 온갖 지혜의 지위에 머물도록 하고, 삼세(三世) 모든 부처님의 자재한 신통(神通)으로 장엄한 길에 들어가고, 모든 법계(法界)의 문에 항상 들어가도록 하고, 항상 진리와 인연하여 조금도 동요하지 아니하고 시방세계에 가리라.

선재동자가 선지식을 만나 발심(發心 발보리심)할 수 있었던 것은 선근(善根)이 있었기 때문으로, 주체적인 자각(自覺)이 배제될 수는 없습니다. 선재동자가 문수보살을 만났을 때 그 자리에는 복성(福城)에 사는 수많은 우바새·우바이, 동남·동녀들이 있었지만, 선재동자가 가장 선근이 깊었기에 부처님을 닮고자 발원하였던 것입니다.

또한 선지식들의 해탈(解脫) 법문은 그들의 이름, 처소, 신분 등과 밀접하게 연계됨을 발견할 수 있습니다.

선재동자가 친견한 선지식은 모두 53명인데, 그 가운데 여성이 스물한 명(비구니·우바이·여신·천녀·동녀·유녀·태자비·태자모)이나 됩니다. 이는 남녀 구별이 안 되는 비남비녀(非男非女)와 남자이기도 하고 여자이기도 한 역남역녀(亦男亦女) 보살은 넣지 않은 숫자입니다. 특히 십지(十地) 보살 수행 지위는 모두 여성 선지식이라는 것을 알 수 있습니다.

십지는『화엄경』에서 화엄보살도를 총괄하며, 화엄의 일승보살도(一乘菩薩道)를 대표하는 지위입니다. 그 자리는 특히 깊은 자비심(悲心)이 증대된 자리로, 여성이라는 특징적인 모습을 통해 화엄의 일승보살도를 보여주고 있다고 하겠습니다.

화엄세계에서는 숫자적으로나 해탈경계로나 남녀의 차별적인 모습은 전혀 보이지 않습니다. 오히려 여성에게 자비·청정·수순중생의 덕이 수승하다고 말하며, 부처님을 낳는다(生佛)는 점까지 부각시키고 있습니다.『화엄경』에서의 여성 선지식은 여래의 행덕(行德)을 드러내기 때문입니다.

선재동자가 선지식과 만남으로 해서 도달되는 수행의 단계(地位)는『화엄경』전편에서 말하는 화엄보살도의 42단계와 10바라밀을 차례로 밟아가는 과정입니다. 처음 문수보살은 믿음의 단계(信位)에 해당하며, 덕운비구는 10주 처음인 초발심주에 해당하며, 차례차례 단계가 높아져 태자비였던 구바녀는 제10지에 해당합니다. 미륵보살과 문수보살은 등각(等覺), 보현보살은 묘각(妙覺)에 해당합니다.

선재동자가 처음 발심할 때 친견한 문수보살(始覺)과 다시 만난 문수보살(本覺)은 같은 분입니다. 이는 깨달음이 둘이 아니라는 '시본불이(始本不二)'의 의미입니다. 마지막 보현보살은 모든 보살도와 부처님의 지위를 총망라하는 자리로, 묘각(妙覺)에 해당하는 것이지요.

이들 선지식의 계위는 법계(法界)로 향해 가는 점차적인 단계라기보다는, 하나의 단계(一位)가 바로 모든 수행 단계(一切位)라고 할 수 있습니다. 선재동자는 모든 선지식에게서 각각의 해탈문을 증득하며, 각각의 선지식들은 하나의 단계 속에 모든 수행 단계가 갖추어진 일승보살도를 다양한 방편으로 설하신 것입니다.

따라서 문수보살로부터 보현보살에 이르기까지 보살의 수행 단계를 모두 터득한 선재동자는 보현보살의 지위와 같아집니다. 그리하여 인(因=선재동자)과 과(果=부처님)가 다르지 않다는 인과불이(因果不二)의 보살도를 문수·미륵·보현보살을 만나는 여정에서 명확하게 보여주고 있는 것입니다.

39. 궁극의 깨달음을 위한 구도여행 - 입법계품

「입법계품(入法界品)」은 제9회의 서론과 본론으로, 발심에서 묘각(妙覺)에 이르는『화엄경』내용의 구체적인 반복이라고 할 수 있습니다. 지혜와 자비, 자리와 이타가 원만해지는 '비지원만(悲智圓滿)'의 보현행을 완성하는 구조로, 이를 실천하고 깨달아 진리의 세계인 법계에 들어가는 것을 목적으로 하고 있습니다.

지혜를 나타내는 문수보살과 자비의 실천을 상징하는 보현 보살을 등장시키고, 이 둘 사이에 문수를 지혜의 눈(目)으로, 대 승보살행을 행하는 보현을 발(足)로 하여 실천해 가는 구도자인 선재동자(善財童子)를 설정합니다.

선재동자의 구도여행은 모든 차별을 버리고 법(法)이 인도하는 길로 나아가며, 스스로를 등불로 삼아 깨달음으로 나가는 희 망의 여정입니다. 선재동자가 구도여행에서 만나는 선지식(善知識)들은 모두 다 '보현행'을 체득하여 보현행을 실천하는 실 천자들입니다.

「입법계품」에서는 발심하여 법계에 들어가게 된 우리가 도대 체 무엇을 보고, 무엇을 들어야 하는지, 어떤 태도를 가지고 선지식을 대하며, 어떤 것을 익히고 닦아 나가야 하는지를 배울 수 있습니다. 선재동자는 53명의 선지식을 만났지만, 우리는 선재동자를 54번째 선지식으로 삼고, 생생한 진리 속으로 들어가려고 노력해야 합니다.

법문(法門)을 잘 듣는다는 것은, 표현된 말의 세계 이면에 살아 있는 법의 세계로 들어가는 것을 말합니다. 말은 방편이고, 의미가 더 중요하기 때문입니다. 법은 한 가지가 아니라 열 가지 방향에서 알아들어야 하며, 그 정도로 스스로의 깊이와 폭이 깊고 넓어야 합니다.

문수보살은 구름떼처럼 몰려든 사람들 속에서 선재동자를 발견하고 말씀하십니다.

> 그대는 이미 보리심을 내었으니, 온갖 지혜를 성취하려거든 선지식을 찾아서 그들의 가르침을 순종해야 하느니라. 여기서부터 남방으로 가면서 여러 선지식을 방문하고 보살행을 닦으라.

이때 선재동자는 문수보살에게 이렇게 발원합니다.

생사는 성곽이요, 높은 아만은 장벽이요, 모든 윤회 중생은 오히려 적이요, 애착에 물듦은 깊은 못입니다. 원만은 위없는 자비요, 청정한 지혜로 태양처럼 번뇌의 바다를 소멸하고자 합니다. 원하옵나니 해탈문을 열어 모든 전도된 망상을 떨쳐 버리게 하소서.

선재동자의 발심에는 깊은 고민과 서원(誓願 다짐)이 있었습니다. 깊은 고민과 서원은 도(道)를 담는 그릇이기도 합니다. 생과 사, 끝이 없는 자기 고뇌, 반복하는 윤회에서 오는 갑갑함, 애착에서 헤어 나오지 못하는 마음. 이것이 선재동자의 고민이고, 둘러싸인 현실에 대한 인식이었습니다. 이렇게 깊은 고민에 둘러싸인 선재동자는 그 절실함으로 해탈 열반의 경지에 들어가기를 서원합니다.

선재동자의 발심은 석가모니 부처님의 출가 모습과 상당히 닮아 있습니다. 둘 다 유복했지만, 그것은 그들에게 아무것도 아니었습니다. 간혹 "그렇게 유복했으니까 출가를 했다"고 말하는 이도 있지만, 그것은 현실을 모르거나 인간의 심성에 대해 깊이 관찰해 보지 않은 사람들의 말일 뿐입니다.

우리는 물질과 권력과 향락이 얼마나 중독적인지 잘 알고 있습니다. 근본적으로 마음을 돌이키지 않으면, 갈애(渴愛)의 그물을 피할 수 없는 법입니다. 바른 현실인식과 큰 서원을 가짐으로써 세간의 길, 생사윤회의 길, 고통의 길을 끊는 법을 담을 수 있습니다.

선재동자는 깨달음을 구하기 위해 여행을 떠납니다. 문수보살의 인도로 시작해 보현보살에게 성불의 수기(受記)를 받는 것으로 끝나는 선재동자의 구도여행에는 수많은 선지식(스승)이 등장합니다.

「입법계품」은 선재동자가 이러한 스승들과의 만남을 통해 그들의 가르침을 체득하는 과정으로 묘사되어 있습니다. 선지식은 모두 54명으로 되어 있으나, 문수보살이 맨 처음과 마지막에 나오기 때문에 실질적으로는 53명입니다.

선지식으로는 보살, 비구, 장자, 신선, 바라문, 여인, 소년, 소녀, 국왕, 상인, 어부, 금세공사 등 빈부귀천 남녀노소 구별 없이 다양한 인간 군상을 등장시키고 있습니다. 그들 가운데는 분노나 애욕을 그대로 드러내는 사람도 있습니다. 이는 각양각색의 지위와 성별만큼 그 지도 방법 또한 다름을 보여줍니다.

이를 통해 원본 범어로 된 『간다뷰하(입법계품)』를 낳은 사상운동의 모태가 인간의 진실을 깊이 통찰하고 인간 평등의 이념을 높이 내걸고 있는 대승불교운동의 핵심 지지자들이었으며, 그 주된 지지기반이 경제적으로 유복했음을 알 수 있습니다.

『화엄경』에서 많은 비중을 차지하는 「입법계품」을 한마디로 요약하자면 '보살행'입니다. 선재동자가 구도여행을 떠나 선지식을 만나면서 묻는 가르침의 핵심은 보살행의 실천에 관한 것들이지요.

첫 번째부터 열 번째까지의 10단계는 53수행단계의 십주법문(十住法門)에 해당합니다. 열한 번째부터 스무 번째까지의 10단계는 십행법문(十行法門)에 해당하고, 스물한 번째부터 서른 번째까지의 10단계는 십회향법문(十回向法門)에 해당하고, 서른한 번째부터 마흔 번째까지의 10단계는 십지법문(十地法門)에 해당하고, 마흔한 번째부터 쉰 번째까지의 10단계는 환지법문(幻智法門)에 해당합니다. 그리고 등각, 묘각에 올라가 다시 문수보살을 만나 시본불이법문(始本不二法門)을 확인합니다. 그리고 마지막으로 보현보살을 만나 중생구제의 서원을 세웁니다.

자, 그럼 이제 우리도 53명의 선지식들을 만나볼까요?

1) 가락국의 덕운비구

덕운비구는 문수보살에 이어 만난 첫 번째 스승으로서 해탈의 힘과 청정한 혜안을 얻는 길은 오직 염불삼매(念佛三昧)라고 설합니다. 여기에서 선재동자는 발심하는 초발심주(初發心住)를 배웁니다.

2) 해문국의 해운비구

해운비구는 보안법문(普眼法門)을 말씀하시고, 선재동자는 두루 넓게 보는 눈을 갖추어 모든 여래의 경계를 열어 보이는 치지주(治地住)를 배웁니다.

3) 해안국의 선주비구

선주(善住)란 인간생활을 순리로 살아간다는 뜻입니다. 선재동자는 깨끗한 마음에 머물러 해탈문(解脫門)을 성취하는 수행주(修行住)를 배웁니다. 선주비구가 말하는 깨끗한 삶이란 계(戒)를 지키는 삶입니다.

4) 자재국의 미가장자

선재동자는 남쪽으로 가 천민 출신인 미가장자를 만납니다. 선재동자가 남쪽으로 가는 이유는 남쪽이 진리의 세계라는 의미가 있기 때문이지요. 미가장자는 묘음다라니광명법문을 설하고, 선재동자는 여기서 생귀주(生貴住)를 배웁니다.

5) 주림국의 해탈장자

해탈장자는 지혜의 광명으로 자기 마음을 비추어 보며, 부처님과 같은 넓고도 자재(自在)로운 마음으로 여래의 걸림 없는 장엄해탈문을 설합니다. 여기에서 선재동자는 구족방편주(具足方便住)를 배웁니다.

6) 염부제의 해당비구

염부제의 남쪽 끝에서 만난 해당비구는 견고한 몸을 얻어 양쪽 겨드랑이로 용과 용녀를 출현시키고 천변만화(千變萬化)의 신통을 보입니다. 선재동자는 여기서 여래의 미묘한 법의 재물을 얻는 청정삼매 등 말할 수 없이 많은 삼매를 통해 정심주(正心住)를 배웁니다.

7) 보장엄 숲의 휴사신녀

휴사신녀는 일체를 근본으로 하여 큰 서원을 세워야만 비로소 참된 보리심을 일으킨다고 말하고, 근심을 떠난 편안한 당(離憂安穩堂) 해탈문을 설합니다. 여기에서 선재동자는 불퇴주(不退住)의 지위를 배웁니다.

서원(誓願)을 세우고, 내 안의 선한 것, 내 마음을 편하게 하는 것, 걸림이나 장애를 만들지 않는 방식으로 행동함으로써 보리에서 물러나지 않음을 얻게 됩니다. 선하게 마음을 쓰니 마음이 편하고, 마음에 장애가 없으므로 물러남도 없는 것이지요. 불퇴주는 벼랑에 몰린 사람처럼 맞서 싸우는 것이 아니라, 바다 한가운데 있는 사람이 바다에서 물러날 수 없듯이, 진리 안에 머물기 때문에 진리 이외의 것으로 물러남이 없음을 말합니다.

8) 해조국의 비목다라선인

선재동자는 비목다라선인 곁에서 지혜광명을 받고, 비로자나장삼매의 광명을 얻으며 동진주(童眞住)를 배웁니다. 여기서 선재동자는 보살의 무너지지 않는 지혜의 법문을 깨닫습니다.

9) 진구국의 승열바라문

선재동자는 승열바라문을 만나 선주삼매(善住三昧)를 얻고, 보살의 고요하고 즐거운 신통삼매와 무진륜해탈을 얻으며 법왕자주(法王子住)를 배웁니다.

여기서 선재동자는 이 바라문이 신기(神技)로써 불법을 시험하는 것이 아닌가 의심하게 됩니다. 그러나 범천의 도움으로 선지식에 대한 의심을 버리고, 높고 험준한 칼산에 올라가 불구덩이에 몸을 던져 보살이 편안히 머무르는 삼매를 얻게 됩니다.

10) 사자분신성의 자행동녀

선재동자는 자행동녀를 만나 반야바라밀을 두루 장엄하는 반야바라밀보장엄을 듣고, 십주(十住)의 마지막 단계인 관정주(灌頂住)를 배웁니다.

선재동자는 하나의 가르침을 얻고 다른 가르침으로 가는 과정 속에서 이전의 가르침을 언제나 마음에 새기고, 그를 통해 스스로를 관찰합니다.

우리가 관찰하고 생각한다고 할 때, 우리는 우리에게 현재 벌어지고 있는 일에 관심을 가지고, 그것에 사로잡히기 마련입니다. 그러나 법의 바다에 들어간 이는 그것들 이면에 있는 진실을 생각하지요. 돈, 권력, 다른 사람의 시선, 새로 나온 상품, 새로운 정보에 관심을 쏟는 것이 아니라, 중생의 마음과 행동은 얼마나 깊은지, 현상은 얼마나 덧없는 것인지, 부처님의 나라는 얼마나 풍요로운지를 생각합니다. 보이는 세상이 아닌, 그 이면 세계와 그 깊이를 보았을 때 비로소 법계에 들어갔다고 말할 수 있는 것입니다.

11) 구도국의 선견비구

선재동자는 선견비구를 만나 보살이 수순하는 등해탈문을 듣고, 십행(十行) 중 환희행(歡喜行)을 배웁니다.

환희라는 것은 '벗어나는 힘'에서 나온 기쁨입니다. 집착에서 벗어나고, 애욕에서 벗어나고, 지금 자기 자신에게서 벗어나고자 하는 것이지요. 이렇게 벗어남으로써 자기 자신을 바로 볼 수 있게 되고, '나'에 사로잡힌 '나'가 아니라 법에 따르는 나, 진리 속에 있는 나로서 행동할 수 있게 됩니다. 세속의 환희는 순간적이고 먼지와 같지만, 출세간의 환희는 우리를 한없이 궁극적인 것에 이르도록 합니다.

12) 수나국의 자재주동자

선재동자는 자재주동자로부터 공교한 신통과 지혜의 법문에 들어가는 법문을 듣고, 중생을 이롭게 하는 요익행(饒益行)을 배웁니다. 자재주동자는 중생과 보살의 모든 것을 알고 있으며, 그의 법문은 해인삼매(海印三昧)를 떠오르게 합니다. 그리고 그가 터득한 경이로운 '보살의 계산법'은, 우주와 세계뿐만 아니라 중생의 마음까지 헤아립니다.

13) 구족청신사

선재동자는 구족청신사로부터 보살의 무진복덕장해탈광명을 얻고, 중생을 거스르지 않는 무위역행(無違逆行)을 배웁니다.

14) 대흥성 명지거사

명지거사는 보살의 불가사의한 해탈경계를 보이시고, 선재동자는 여기서 물러남이 없는 무굴요행(無屈撓行)을 배웁니다.

15) 사자중각성의 법보계장자

법보계장자를 만남으로서 선재동자는 금빛으로 빛나는 10층의 대저택에서 부처님께서 대원(大願)을 성취하시는 과정을 한 눈으로 볼 수 있게 됩니다. 여기서 한량없는 복덕보배광배해탈문을 듣고, 어리석음에서 벗어나는 무치란행(無痴亂行)을 배웁니다.

16) 실리근국 보문성의 보안장자

여러 가지 향을 조제하여 일체 중생의 모든 병을 고치고, 괴로움에서 벗어나게 해주는 보안장자로부터 선재동자는 부처님을 두루 뵙고 기뻐하는 법문을 듣고, 선현행(善現行)을 배웁니다. 또한 보안장자는 선재동자에게 관법(觀法)에 대해 설합니다.

탐욕이 많은 이에게는 부정관(不淨觀)을 가르치고, 남을 미워하고 성을 잘 내는 이에게는 자비관(慈悲觀)을 가르치며, 어리석음이 많은 이에게는 여러 가지 법의 모양을 분별하도록 가르치고, 이 세 가지가 균등한 이에게는 아주 뛰어난 법문을 보여준다. 그들에게 부처의 거룩한 모습을 갖추게 하려고 보시바라밀을 찬탄하고, 부처의 깨끗한 몸을 얻어 온갖 곳에 이르게 하려고 지계바라밀을 찬탄하고, 부처의 청정불가사의

한 몸을 얻게 하려고 인욕바라밀을 찬탄하고, 여래의 빼어난 몸을 얻게 하려고 정진바라밀을 찬탄하고, 청정하고 견줄 데 없는 몸을 얻게 하려고 선정바라밀을 찬탄하고, 여래의 청정한 법신을 드러내려고 반야바라밀을 찬탄하느니라.

17) 만당성의 무염족왕

무염족왕은 잔인무도한 왕이지만, 이는 방편으로 보인 모습입니다. 즉, 악행을 통해서 보살행을 보인 반면교사(反面教師)에 해당하는 것이지요. 선재동자는 보살의 여환해탈장(如幻解脫藏)을 얻고, 집착하지 말라는 무착행(無着行)을 배웁니다.

여기서 우리는 『화엄경』의 목표가 우리가 흔히 생각하는 선악의 개념을 떠나 있음을 알게 됩니다. 중생을 악하다 여기면, 중생의 구제는 해변에서 모래성을 쌓는 일과 같을 것입니다. 중생으로부터 악과 집착을 보고, 그 악에 대한 한없는 연민, 즉 비(悲)심을 느끼고 자(慈)심을 발해야만 진정으로 중생을 구제할 수 있는 것이지요. 이는 무염족왕의 자비로운 두려움과 공포를 통해 중생들에게 악을 멀리하도록 만드는 것으로 표현됩니다. 또한 목적과 수단, 진리와 방편의 문제를 제기합니다.

18) 선광성의 대광왕

선재동자는 대광왕으로부터 대자당행문을 듣고, 얻기 어려운 것을 달성하는 난득행(難得行)을 배웁니다.

19) 안주성의 부동청신녀

어떤 처지에 있든 무엇에 부딪치든, 절대로 무너지지 않는 불괴(不壞)의 가르침을 완성한 부동청신녀로부터 선재동자는 보살의 얻기 어려운 지혜장해탈법문을 듣고, 선법행(善法行)을 배웁니다.

20) 무량도살라성의 수순일체중생외도

다른 종교의 교주인 수순일체중생외도로부터 중생에게 보살 수행을 가르칠 수 있는 법문을 깨닫습니다. 그로부터 선재동자는 모든 세계의 모든 사물을 바로 보아 분별하는 불가사의한 신통력을 성취합니다. 보살이 선정(禪定)에 도달하는 수행의 법문을 듣고, 진실행(眞實行)을 배웁니다.

21) 광대국의 우발라화향장자

선재동자는 우발라화향장자로부터 모든 종류의 향 제조법과 그 효능, 향의 가치를 알게 됩니다. 선재동자는 십회향 가운데 첫번째인 구호중생이중생상회향(救護衆生離衆生相廻向)을 배웁니다.

22) 누각성의 뱃사공 자재해사

선재동자는 뱃사공인 자재해사를 만나, 한량없이 넓고도 큰 지혜의 마음으로서 근본 목표를 삼는 청정행을 완성합니다. 보살의 대자당행의 법문을 듣고, 불괴회향(不壞廻向)을 배웁니다.

23) 가락성의 무상승장자

언제 어디서든지 통용되는 보살의 행문과 독립·독보로 누구의 힘에도 의지함 없고 지음 없는 무상승장자의 신통력을 보고, 선재동자는 등일체제불회향(等一切諸佛廻向)을 배웁니다.

24) 수나국 가릉가림성의 사자빈신비구니

선재동자는 사자빈신비구니를 만남으로서 십반야바라밀 법

문, 수백만의 반야바라밀 법문에 통달하게 됩니다. 또한 일체의 언음(言音)다라니, 법륜다라니 법문을 체득합니다. 중생을 이롭게 하는 일체의 지혜 법문을 듣고, 지일체처회향(至一切處廻向)을 배웁니다.

25) 험난국 보장엄성의 바수밀다 여인

남의 욕구에 따라 자재롭게 몸을 변화시킬 수 있는 바수밀다 여인으로부터 선재동자는 욕심을 떠난 실제의 청정한 법문을 듣고, 무진공덕장회향(無盡功德藏廻向)을 배웁니다. 이 바수밀다 여인은 절세미인으로서 그 몸에서는 번뇌의 열을 식혀주는 방광(放光)을 했다고 합니다.

일반적으로 미인은 남성들의 욕망의 대상이 되곤 하는데, 「입법계품」에서는 오히려 미인이 번뇌를 식히는 역할을 하고 있습니다. 이 묘한 역설에서 중생구제의 구체적이고 현실적인 실천을 엿볼 수 있습니다.

26) 선도성의 비슬지라거사

비슬지라거사(안주장자)로부터 멸도에 드는 일이 없는 보살의 법문을 듣고, 선재동자는 수순견고일체선근회향(隨順堅固一切善根廻向)을 배웁니다.

27) 보타락가산의 관세음보살

관세음보살을 만나 선재동자는 넓고도 큰 세계의 모든 중생 앞에 몸을 나타낼 수 있는 대자비법문광명의 행을 닦고, 등수순일체중생회향(等隨順一切衆生廻向)을 배웁니다.

우리나라에도 보타락가산에 근거한 지명이 많이 있습니다. 강화도의 보분사도 있고, 강원도의 낙산사도 이것의 줄임말입니다. 티베트의 포탈라궁도 보타락가라는 의미이며, 달라이라마도 관세음보살의 화신이라 합니다. 바로 『화엄경』에서 연원한 것이지요.

28) 정취보살

정취보살로부터 보살의 보문속질행(普門速疾行)의 법문을 듣고, 선재동자는 진여상회향(眞如相廻向)을 배웁니다. 정취란 '올바르게 나아가도록 한다'는 의미로, 정취보살은 보승생 부처님으로부터 법문을 배웠다고 합니다.

278

29) 타라발저성의 대천신

스물아홉 번째 선지식부터는 주로 천신, 주야신, 주지신 등 신들이 나옵니다. 이들은 인간을 해하는 신이 아니라 수행을 도와주는 선신들로서, 마치 큰 대지처럼 모든 것을 품어주는 신들입니다. 선재동자는 보살 운망(雲網)이란 이름으로 중생들에게 무서움을 일깨워 옳은 길로 가게 하는 법문과 무박무착해탈회향(無縛無着解脫廻向)을 배웁니다.

30) 마가다국 보리도량의 안주지신

마가다국 보리도량은 부처님께서 법을 깨달으신 곳이며, 경을 펴신 곳입니다. 그 땅을 편안하게 해주는 신이 바로 안주지신입니다. 이 신에게서 보살의 깨뜨릴 수 없는 지혜장해탈 법문을 듣고, 선재동자는 등법계무량회향(等法界無量廻向)을 배웁니다. 그곳에서 선재동자는 과거에 심은 선근을 다 버리게 됩니다.

여기서 보살의 십회향은 끝이 납니다. 원효 스님은 이 「십회향품」의 주석을 쓰고 붓을 꺾은 후 중생과 현실을 향해 뛰어들었다고 전해집니다. 배우고, 알고, 익힌 모든 것을 회향하여야 하기 때문입니다. 회향은 미덕일 뿐만 아니라, 선근(善根)에 대한 집착조차 버려야 하는 대승보살의 의무이기도 합니다.

31) 가비라성의 바산바타야신

선재동자는 부처님이 태어나신 가비라성에서 밤의 신인 바산바타야신을 만납니다. 선재동자는 이 야신에게서 모든 중생의 어리석음에서 벗어나는 깨끗한 법문을 성취하여 광명해탈법을 얻고, 환희지(歡喜地)를 배웁니다. 이 야신이 훌륭한 대자비를 갖추게 된 것은, 많은 부처님을 모시고 오랫동안 공양한 결과였다고 합니다. 한마디로, 여기서는 공양한 공덕을 말하고 있는 것이지요.

32) 보덕정광주야신

보덕정광주야신은 밤을 다스리는 신으로, 보살의 수행이 원만하게 이루어지는 십법문을 설합니다. 선재동자는 이 신에게서 적정선정락대용건해탈문(寂靜禪定樂大勇健解脫門)의 법문을 듣고, 이구지(離垢地)를 배웁니다.

33) 희목관찰중생주야신

희목관찰중생주야신으로부터 '마음과 마음이 서로 통하면 경계가 없어진다'는 보광희당법문을 듣고, 선재동자는 발광지(發光地)를 배웁니다.

선재동자는 선지식은 보기 어렵고 만나기 어렵다고 한탄하면서 더욱더 선지식을 구하기로 결심합니다. 선지식이 바로 보리이고 정진이며, 무너뜨릴 수 없는 힘이라는 것을 확신하게 된 것이지요. 사실 걸핏하면 좌절하거나 게으름을 피우기 때문에 자기 혼자 수행하여 도를 구하기는 매우 어렵습니다. 그러나 선지식을 만나면 용맹심이 솟아나고, 마음과 기력이 하나가 되어 수행하고자 하는 마음이 생기는 것입니다.

34) 보구중생묘덕주야신

선재동자는 보구중생묘덕주야신에게서 부사의하고 자유자재하신 부처님의 심심묘덕자재음성으로, 보살이 모든 세상에 두루 나타나 중생을 교화하는 해탈을 얻고, 염혜지(焰慧地)를 배웁니다. 선재동자는 이 야신에게서 보살의 더러움을 떠난 원만한 삼매를 얻게 됩니다.

35) 적정음해주야신

마가다국 법보리도량에서 선재동자는 밤을 다스리는 신(神)인 적정음해주야신으로부터 선지식을 의지하여 보살행을 구하는 일에 대해 칭찬을 받고, 보살념념출생광대희장엄해탈문(菩薩念念出生廣大喜莊嚴解脫門)을 듣고 난승지(難勝地)를 배웁니다. 보살념념출생광대희장엄해탈문이란 '보살이 생각생각마다 넓고 크고 기쁜 장관을 내는 해탈문'이란 뜻입니다.

여기서 여러 가지 관법수행(觀法修行)의 방법들에 대해 설해지며, 중생의 근기와 상황에 따라 보살이 가져야 할 마음가짐 등이 설해집니다.

부처님과 경전이 제안하는 수행의 폭은 무척 넓습니다. 일반인들의 경우에는 자신의 근기를 헤아리고, 그 근기에 맞는 수행부터 차곡차곡 쌓아 나가는 것이 필요합니다. 경전을 읽고 자신이 잘할 수 있는 수행을 선택하고, 선지식을 찾아 뵙고 수행의 성과를 이야기하고, 더 어려운 수행으로 나아가는 과정을 거치는 것이 좋습니다.

36) 수호일체성증장주야신

수호일체성증장주야신으로부터 보살의 깊고 자재한 묘음해 탈법문을 듣고, 선재동자는 현전지(現前地)를 배웁니다.

37) 개부일체수화주야신

모든 나무의 꽃을 피우는 개부일체수화주야신을 만나 무량한 환희로 만족할 줄 아는 광명의 법문을 듣고, 선재동자는 원행지(遠行地)를 배웁니다.

38) 대원정진력구호일체중생주야신

대원정진력구호일체중생주야신으로부터 중생의 욕구에 응하여 나타나(應化) 중생들을 각성시키고 선근을 자라게 하는 법문을 듣고, 선재동자는 부동지(不動地)를 배웁니다.

39) 묘덕원만림천신

선재동자는 묘덕원만림천신을 만나는데, 묘덕원만림은 룸비니동산을 상징하는 곳으로 보입니다. 이곳에서 모든 곳에 자재하게 태어나는 자재 법문을 듣고, 선재동자는 선혜지(善慧地)

를 배웁니다. 여기서 천신은 열 가지 법을 닦으면 여래의 집에 태어날 수 있다고 설합니다. 이 열 가지란 다음과 같습니다.

하나는 모든 부처님께 항상 공양하기를 원하는 것이요, 둘은 보리심을 내는 것이요, 셋은 여러 법문을 관찰하고 부지런히 행을 닦는 것이요, 넷은 깊고 청정한 마음으로 세상을 두루 비추는 것이요, 다섯은 평등한 광명으로 태어나는 것이요, 여섯은 여래의 가문에 태어나는 것이요, 일곱은 부처님 힘의 광명으로 태어나는 것이요, 여덟은 넓은 지혜의 문을 관찰하는 것이요, 아홉은 장엄을 널리 나타내는 것이요, 열은 여래의 지위에 들어가 는 것입니다.

40) 가비라성의 석가족 구파여인

구파여인은 생사의 세계에서 물들지 않고 보살행을 실천해 갈 수 있는 열 가지 법(十法)을 설합니다. 선재동자는 이 여인에게서 모든 보살의 삼매바다를 관찰하는 해탈문을 성취하며, 법운지(法雲地)를 배웁니다.

41) 가비라성의 마야부인

법운지를 얻은 선재동자는 석가모니 부처님의 어머니인 마야부인을 만납니다. 이 만남에 주목해 본다면, 이전 보살 수행의 단계들은 모두 석가모니 부처님의 본생담, 석가모니 부처님이 전생에 쌓아오신 보살행을 『화엄경』 특유의 방식으로 풀어낸 것이 아닐까 생각하게 됩니다.

선재동자는 마야부인에게서 대원지환(大願智幻)의 법문을 터득합니다. 이에 보살들의 대원과 지혜가 이루어지는 터전이 되는 해탈을 얻고, 환지법문(幻智法門)의 총설을 듣습니다. 환지(幻智)란 일체 존재는 변하며, 일시적이며, 허망하며, 영원하지 않음을 아는 지혜를 말합니다. 마야부인은 석가모니 부처님을 낳은 지 7일 만에 돌아가신 분이지만, 『화엄경』에는 선지식으로 등장하고 있습니다.

42) 천주광왕녀

선재동자는 33천 정념천왕의 딸인 천주광왕녀를 만납니다. 33천이란 도리천을 말하는 것이지요. 오랜 겁에 걸쳐 한량없는 부처님께 꾸준히 공양드려 과거·현재·미래의 일을 환히 다 알며, 걸림 없는 생각의 청정한 장엄 해탈문과 환지(幻智)의 힘을 배웁니다. 여기서는 주로 모든 부처님께 꾸준히 공양하라는 것과 부처님을 모시는 방법에 대해 배웁니다.

43) 가비라성의 변우동자

선재동자는 변우동자에게서 환지(幻智)의 사범(師範 모범, 표본)을 봅니다. 가비라성의 동자들과 친한 변우동자는 아무것도 설하지 않고, 모든 예술을 잘 아는 동자들을 소개할 뿐이지요.

어쩌면 한마디도 설법하지 않는 선지식이 바로 진정한 선지식일지도 모릅니다. 우리 주변에서 좋은 법문처를 소개해 준다거나, 좋은 수행처를 알려주는 이도 큰 선지식임을 알아야 합니다.

44) 선지중예동자

선지중예동자는 예술에 뛰어난 동자입니다. 선재동자는 이 동자에게서 42자의 반야바라밀 법문을 듣고 환지의 자모(幻智字母)를 깨우칩니다.

『화엄경』에도 다라니가 나옵니다. 사실 『화엄경』 전체가 다라니로, 『화엄경』 수행자들은 그래서 『화엄경』을 읽고 쓰고 외우는 것이 수행이고 보살행이라고 합니다. 굳이 『화엄경』 내에서 다라니를 찾으라면 「입법계품」의 선지중예동자의 법문 중에 42자 다라니를 들 수 있습니다.

다라니(陀羅尼)란?

석가의 가르침의 정요(精要)로서, 한량없는 뜻을 지니고 있어 모든 악한 법(法)을 버리고 한량없이 좋은 법을 지니게 한다는 불교 용어이다.

비교적 긴 장구(章句)로 되어 있는 주문으로, 불법(佛法)을 마음속에 간직하여 잊지 않게 하는 힘이다. 총지(總持), 능지(能持), 능차(能遮)라 번역한다. 총지란 하나를 기억함으로써 다른 것까지 연상하며 다 기억한다는 뜻이고, 능지란 여러 선법(善法)을 능히 지니고 있다는 뜻이며, 능차란 악법을 능히 막아준다는 뜻이다. 다라니는 보통 두 가지 뜻으로 풀이된다.

첫째는 지혜 또는 삼매(三昧)를 뜻한다. 하나의 다라니를 기억함으로써 다른 모든 것을 연상하여 잊지 않게 하며, 선법(善法)을 가지게 되고 악법을 잘 막을 수 있다고 보는 것이다. 보살이 타인을 교화하려면 반드시 다라니를 얻어야 하며, 다라니를 얻으면 무량한 불법(佛法)을 잊지 않고 자유자재로 설교할 수 있다고 한다.

둘째는 진언(眞言)을 뜻한다. 산스크리트를 번역하지 않고 음 그대로를 적어서 외우는 것이다. 이는 원문 전체의 뜻이 한정되는 것을 피하기 위함이다. 또한 밀어(密語), 즉 다른 사람에게 비밀로 하여 그 신비성을 간직하자는 데 뜻이 있다. 특히 밀교(密敎)에서는 주다라니(呪陀羅尼)라 하여 재난을 없애는 힘이 있다고 본다.

45) 현승청신녀

선재동자는 현승청신녀로부터 아무것에도 의지하지 않는 무의도량(無依道場)이라는 보살도의 해탈문 법문을 듣습니다. 집착이 없는 청정장엄 법문을 듣고, 환지(幻智)의 의지함이 없음(無依)을 알게 됩니다.

46) 옥전성의 견고해탈장자

견고해탈장자로부터 집착이 없는 청정한 생각, 곧 무착청정념(無着淸淨念) 법문을 듣고, 선재동자는 환지의 무착(無着)을 알게 됩니다.

47) 묘월장자

묘월장자로부터 청정한 지혜의 빛, 곧 정지광명(淨智光明)이라는 보살도의 해탈법을 듣고, 선재동자는 환지의 지혜광명(智光)을 알게 됩니다.

48) 무승군장자

출생성의 무승군장자로부터 이름이 다함없는 모양(無盡相)

의 법문을 듣고, 선재동자는 환지의 무진상(無盡相)을 알게 됩니다.

49) 최적정바라문

출생성 남쪽의 최적정바라문으로부터 환지의 성원어(誠願語), 즉 진실성 있게 원하는 말을 배웁니다.

50) 덕생동자와 유덕동녀

묘의화문성의 덕생동자와 유덕동녀로부터 선재동자는 환상처럼 일시적으로 머무는 환주(幻住)의 법문을 배웁니다. 여기서는 제한되고 정해진 십지행, 불국토, 선지식에 얽매여 머무르지 말고 무한한 세계에 입문할 것을 권유받습니다.

51) 미륵보살

선재동자는 남쪽의 해간국 대장엄장원림 속에 있는 미륵보살을 만납니다. 미륵보살이 오른쪽 손가락을 허공에 튕기자 선재동자는 삼세인연(三世因緣)과 삼계법문(三界法門)을 터득하여 등각(等覺)의 문에 들어가게 됩니다. 성숙한 열매가 조금만 건드

려도 툭 터지듯, 알찬 내실을 드러내는 것과 같은 이치이지요.

설법을 마친 미륵보살은 선재동자에게 비로자나장엄장 누각에 들어가 두루 살펴볼 것을 권합니다. 여기서 선재동자는 잊어버리지 않는 기억력을 얻고(不忘念知), 세계를 보는 청정한 눈을 얻고, 잘 관찰하는 걸림 없는 지혜를 얻고, 보살들의 자재한 지혜를 얻고, 보살들이 지혜의 자리에 들어간 광대한 이해를 얻었기 때문에, 여러 누각 속에서 이와 같이 한량없고 불가사의하고 자재한 경계와 여러 가지로 장엄된 일들을 볼 수 있었습니다.

미륵보살이 신통력을 거두고 누각 안으로 들어와 손가락을 튕겨 소리를 내자, 선재동자는 삼매에서 깨어납니다.

삼매에서 깨어난 선재동자는 '반드시 보현보살을 뵙고 선근을 더욱 늘릴 것이며, 모든 부처님을 뵙고 보살의 광대한 경계에 대해 궁극적인 이해를 내어 일체지를 얻을 것'이라고 다짐합니다.

발심한 선재동자의 큰 서원은 이렇게 끊임없이 더 궁극적인 깨달음을 향하여 나가고, 처음의 출발지였던 문수보살에게 다시 되돌아가게 됩니다. 그러나 그 선재동자는 이전의 선재동자가 아니고, 무한한 역량을 가진 모습으로 바뀌었지요. 즉, 부처님이 된 것입니다.

52) 문수보살

선재동자는 문수보살에게서 등각(等覺)의 완성을 보며, 시본불이(始本不二)의 도리를 얻습니다. 처음 출발할 때 문수보살을 만나 여러 가지 지시를 받고 남쪽으로 가고, 마지막에 이르러 다시 문수보살을 만나는 것이 곧 시본불이(始本不二)입니다. 즉, 시각(始覺)과 본각(本覺)이 둘이 아니라는 것이지요. 시각은 출발이고, 본각은 완성입니다. 초발심과 부처님은 둘이 아니라는 말로 '초발심시변성정각(初發心時便成正覺)'이라는 말이 바로 이 뜻입니다.

문수보살은 인도어의 만주시리(manjuṣri)에서 비롯되었습니다. 예불문에 나오는 네 분의 큰 보살(대지문수, 대행보현, 대비관세음, 대원지장보살)들은 부처님의 각기 다른 모습을 표현하는 것으로, 곧 부처님을 의미합니다. 선재동자가 부처님의 지혜를 상징하는 문수보살과 하나가 되었다는 것은, 바로 부처님의 지혜를 터득했다는 말이 됩니다.

53) 보현보살

마지막 선지식인 보현보살은 선재동자를 부처님 나라에 인도하여 게송으로 교시해 줍니다. 보현보살(samantabhadra)의 어원에는 '현명한, 아주 지혜가 많은'이라는 의미가 있습니다. 보현보살은 실천의 보살로, 지혜가 없는 실천이란 성립되지 않기 때문에 '반야바라밀행(지혜행)'이라고 합니다.

선재동자는 몸과 마음을 가다듬어 일심으로 보현보살을 친견하려고 분발하여 절대로 물러서지 않습니다. 넓은 눈으로 시방의 부처님과 보살들을 관찰하면서, 보이는 것마다 다 보현보살을 뵙는다고 생각합니다. 지혜의 눈으로 도(道)를 보니 마음의 광대함이 허공과 같았고, 대비(大悲)의 견고함이 금강과 같았으며, 미래가 다하도록 보현보살을 따라다니면서 순간순간마다 보현행을 따라 닦으려 하였고, 지혜를 성취하고 여래의 경지에 들어 보현의 자리에 머물고자 한 것입니다.

이때 문득 보니 보현보살이 여래 앞에 있는 대중 가운데서 보련화 사자좌에 앉아 있었다. 여러 보살들이 에워싸고 있었는데 가장 뛰어나 세간에 견줄 이가 없고, 지혜의 경지는 한도

끝도 없어 헤아리기 어렵고 생각하기 어려워 삼세 부처님과 같았으며, 보살들로서는 제대로 살펴볼 수 없었다. 다시 보니, 보현보살의 몸에서 모든 세계의 수많은 광명을 내어 법계와 허공계의 모든 세계에 두루 미치었고, 일체 중생의 괴로움과 근심을 없애어 보살들이 아주 기뻐하였다. 선재동자는 보현보살의 이와 같이 자재하고 신기한 경계를 보고 몸과 마음이 한량없이 기뻤다. 그리고 곧 열 가지 지혜바라밀을 얻었다.

열 가지 지혜바라밀이란, 순간마다 모든 부처님 세계에 두루 미치는 지혜바라밀, 순간마다 모든 부처님 처소에 나아가는 지혜바라밀, 순간마다 모든 여래께 공양하는 지혜바라밀, 순간마다 모든 여래의 처소에서 법을 듣고 받아 지니는 지혜바라밀, 순간마다 모든 여래의 법륜을 생각하는 지혜바라밀, 순간마다 모든 부처님의 불가사의한 큰 신통을 아는 지혜바라밀, 순간마다 한마디 법을 말하시는데 오는 세상이 끝나도록 변재가 다하지 않는 지혜바라밀, 순간마다 깊은 반야로 모든 법을 관찰하는 지혜바라밀, 순간마다 모든 법계와 실상 바다에 들어가는 지혜바라밀, 순간마다 모든 중생의 마음을 아는 지혜바라밀, 순간마다 보현보살의 지혜와 행이 모두 앞에 나타나는 지혜바라밀을 말합니다.

선재동자가 이 열 가지 지혜바라밀을 얻은 뒤 보현보살이 오른손을 펴서 선재의 머리를 만졌고(摩頂受記), 머리를 만지자 곧 우주에 존재하는 삼매문을 모두 깨닫습니다. 이 장면이 선재동자가 성불하여 부처님이 되는 장면입니다.

문수보살의 지시를 받아 시작한 선재동자의 구법여행은 미륵보살을 만나 부처님 세계(佛果)에 들어가고, 다시 문수보살과 보현보살을 만나 보현행원을 세우는 것으로 일단 그 여정이 끝납니다. 선재동자는 선지식인 문수보살을 만나 발심(發心)을 하고 서원과 행원을 세워 수행한 결과, 중생과 부처님이 하나(因果不二)라는 단계, 즉 깨달음에 도달한 것입니다.

그때 보현보살이 부처님의 공덕이 한량없음을 게송으로 설하십니다.

티끌 수 같은 세계와 생각들 헤아려 알 수 있고
큰 바다의 물을 다 마셔 고갈시킬 수 있고
허공을 측량하고 바람은 잡아맬 수 있으나

부처님의 크신 공덕 말로 다 표현할 수 없다네

선재동자의 깨달음과 보현보살의 게송을 끝으로 『화엄경』은
대단원의 막을 내립니다.

화엄석경 탁본(입법계품 권57下)

행복하십니까? 내면의 나를 마주하고, 여러분 스스로의 행복을 찾으셨습니까?

보이지 않는 시간의 틈으로 서서히 우리의 마음을 인도하는 어떤 것, 그 미미한 움직임을 느끼셨는지요? 맹렬한 구호보다는 온화한 손짓으로 우리의 발걸음을 옮기게 하는 부처님의 가르침을 어떤 마음가짐으로 들으셨습니까?

깨달음으로의 길은 믿음이라는 완행열차를 타고 떠나는 여행 같은 것일지도 모르겠습니다. 지나치는 풍경 하나하나가 우리의 가슴에 새겨지는 추억인 것처럼 부처님의 가르침 하나하나는 우리의 정신세계를 풍요롭게 할 테니까요. 창문에 코를 박고 정신없이 바라보는 어린아이처럼 우리는 오감을 활짝 열고 부처님의 말씀에 귀 기울여야 합니다. 가끔은 정차하는 바깥 풍경에 정신이 팔려 기차에서 내릴지라도, 결국에는 목적지를 위해 다시 올라타야 하는 것입니다.

어쩌면 깨달음의 길은 완행열차 자체일지도 모릅니다. 간이역 하나 놓치지 않고 정차하지만 결코 멈추는 일 없이 앞으로 나아가는 것이 꼭 닮았습니다. 느리지만 결코 멈추지 않는 수행이야말로 부처님의 가르침이시니까요. 우직스러운 선재동자의 구도여행이야말로 우리가 나아갈 길을 보여주는 것이 아닐까 생각합니다.

마지막 책장을 넘기며 선재동자의 깨달음이 여러분과 함께한다면 더할 나위 없는 기쁨일 것입니다.

정엄 합장

화엄일승법계도(華嚴一乘法界圖)

法性圓融無二相　諸法不動本來寂
無名無相絕一切　證智所知非餘境
真性甚深極微妙　不守自性隨緣成
一中一切多中一　一即一切多即一
一微塵中含十方　一切塵中亦如是
無量遠劫即一念　一念即是無量劫
九世十世互相即　仍不雜亂隔別成
初發心時便正覺　生死涅槃常共和
理事冥然無分別　十佛普賢大人境
能人海印三昧中　繁出如意不思議
雨寶益生滿虛空　衆生隨器得利益
是故行者還本際　叵息妄想必不得
無緣善巧捉如意　歸家隨分得資糧
以陀羅尼無盡寶　莊嚴法界實寶殿
窮坐實際中道床　舊來不動名爲佛

화엄경 약찬게(華嚴經 略纂偈)

대방광불화엄경　　용수보살약찬게　　나무화장세계해
大方廣佛華嚴經　　龍樹菩薩略纂偈　　南無華藏世界海

비로자나진법신　　현재설법노사나　　석가모니제여래
毘盧遮那眞法身　　現在說法盧舍那　　釋迦牟尼諸如來

과거현재미래세　　시방일체제대성　　근본화엄전법륜
過去現在未來世　　十方一切諸大聖　　根本華嚴轉法輪

해인삼매세력고　　보현보살제대중　　집금강신신중신
海印三昧勢力故　　普賢菩薩諸大衆　　執金剛神身衆神

족행신중도량신　　주성신중주지신　　주산신중주림신
足行神衆道場神　　主城神衆主地神　　主山神衆主林神

주약신중주가신　　주하신중주해신　　주수신중주화신
主藥神衆主稼神　　主河神衆主海神　　主水神衆主火神

주풍신중주공신　　주방신중주야신　　주주신중아수라
主風神衆主空神　　主方神衆主夜神　　主晝神衆阿修羅

가루라왕긴나라 마후라가야차왕 제대용왕구반다
迦樓羅王緊那羅 摩睺羅伽夜叉王 諸大龍王鳩槃茶

건달바왕월천자 일천자중도리천 야마천왕도솔천
乾撻婆王月天子 日天子衆忉利天 夜摩天王兜率天

화락천왕타화천 대범천왕광음천 변정천왕광과천
化樂天王他化天 大梵天王光音天 遍淨天王廣果天

대자재왕불가설 보현문수대보살 법혜공덕금강당
大自在王不可說 普賢文殊大菩薩 法慧功德金剛幢

금강장급금강혜 광염당급수미당 대덕성문사리자
金剛藏及金剛慧 光焰幢及須彌幢 大德聲聞舍利子

급여비구해각등 우바새장우바이 선재동자동남녀
及與比丘海覺等 優婆塞長優婆夷 善財童子童男女

기수무량불가설 선재동자선지식 문수사리최제일
其數無量不可說 善財童子善知識 文殊舍利最第一

덕운해운선주승 미가해탈여해당 휴사비목구사선
德雲海雲善住僧 彌伽解脫與海幢 休舍毘目瞿沙仙

승열바라자행녀 선견자재주동자 구족우바명지사
勝熱婆羅慈行女 善見自在主童子 具足優婆明智士

법보계장여보안 무염족왕대광왕 부동우바변행외
法寶髻長與普眼 無厭足王大光王 不動優婆遍行外

우바라화장자인 바시라선무상승 사자빈신바수밀
優婆羅華長者人 婆施羅船無上勝 獅子嚬伸婆須密

비슬지라거사인 관자재존여정취 대천안주주지신
毘瑟祇羅居士人 觀自在尊與正趣 大天安住主地神

바산바연주야신 보덕정광주야신 희목관찰중생신
婆珊婆演主夜神 普德淨光主夜神 喜目觀察衆生神

보구중생묘덕신 적정음해주야신 수호일체주야신
普救衆生妙德神 寂靜音海主夜神 守護一切主夜神

개부수화주야신 대원정진력구호 묘덕원만구바녀
開敷樹華主夜神 大願精進力救護 妙德圓滿瞿婆女

마야부인천주광 변우동자중예각 현승견고해탈장
摩耶夫人天主光 遍友童子衆藝覺 賢勝堅固解脫長

묘월장자무승군 최적정바라문자 덕생동자유덕녀
妙月長者無勝軍 最寂靜婆羅門者 德生童子有德女

미륵보살문수등 보현보살미진중 어차법회운집래
彌勒菩薩文殊等 普賢菩薩微塵衆 於此法會雲集來

상수비로자나불 어연화장세계해 조화장엄대법륜
常隨毘盧遮那佛 於蓮華藏世界海 造化莊嚴大法輪

시방허공제세계 역부여시상설법 육육육사급여삼
十方虛空諸世界 亦復如是常說法 六六六四及與三

일십일일역부일 세주묘엄여래상 보현삼매세계성
一十一一亦復一 世主妙嚴如來相 普賢三昧世界成

화장세계노사나　여래명호사성제　광명각품문명품
華藏世界盧舍那　如來名號四聖諦　光明覺品問明品

정행현수수미정　수미정상게찬품　보살십주범행품
淨行賢首須彌頂　須彌頂上偈讚品　菩薩十住梵行品

발심공덕명법품　불승야마천궁품　야마천궁게찬품
發心功德明法品　佛昇夜摩天宮品　夜摩天宮偈讚品

십행품여무진장　불승도솔천궁품　도솔천궁게찬품
十行品與無盡藏　佛昇兜率天宮品　兜率天宮偈讚品

십회향급십지품　십정십통십인품　아승지품여수량
十回向及十地品　十定十通十忍品　阿僧祇品與壽量

보살주처불부사　여래십신상해품　여래수호공덕품
菩薩住處佛不思　如來十身相海品　如來隨好功德品

보현행급여래출　이세간품입법계　시위십만게송경
普賢行及如來出　離世間品入法界　是爲十萬偈頌經

삼십구품원만교 풍송차경신수지 초발심시변정각
三十九品圓滿教　諷誦此經信受持　初發心時便正覺

안좌여시국토해 시명비로자나불
安坐如是國土海　是明毘盧遮那佛

화엄경 유심게(華嚴經 唯心偈)

약인욕요지 삼세일체불
若人欲了知　三世一切佛

응관법계성 일체유심조
應觀法界性　一切唯心造

의상조사 법성게(義湘祖師 法性偈)

법성원융무이상
法性圓融無二相

법성은 원융하여 차별이 없는 자리

제법부동본래적
諸法不動本來寂

모든 법 본래부터 여여한 그 자리

무명무상절일체
無名無相絶一切

이름과 형상으로 어떻게 표현하리

증지소지비여경
證智所知非餘境

거룩한 부처님 세계를

진성심심극미묘
眞性甚深極微妙

진성은 깊고 깊어 오묘한 세계

불수자성수연성
不守自性隨緣成

정해진 바 없이 인연 따라 이루어지네

일중일체다중일
一中一切多中一

하나 속에 모두 있고 전체 속에 하나 있어

일즉일체다즉일
一卽一切多卽一
하나가 모두이고 전체가 하나라네

일미진중함시방
一微塵中含十方
한 티끌 속에 대우주 잉태하고

일체진중역여시
一切塵中亦如是
티끌마다 낱낱이 대우주 머금어

무량원겁즉일념
無量遠劫卽一念
아득한 긴 세월 한 생각 찰나이고

일념즉시무량겁
一念卽是無量劫
찰나인 한 생각이 아득한 세월이니

구세십세호상즉
九世十世互相卽
구세 십세 섞이어 하나가 되고

잉불잡란격별성
仍不雜亂隔別成
얽힌 듯 산란한 듯 뚜렷한 만상이네

초발심시변정각 　초발심 그 순간이 부처님 되는 자리
初發心時便正覺

생사열반상공화 　생사와 열반 본래부터 한 바탕
生死涅槃常共和

이사명연무분별 　본체와 현상계도 또한 한 바탕
理事冥然無分別

십불보현대인경 　깨달은 성인의 경계로세
十佛普賢大人境

능인해인삼매중 　부처님 거룩한 법 갈무린 해인삼매
能仁海印三昧中

번출여의부사의 　부사의 여의주를 그에서 뽑아내어
繁出如意不思議

우보익생만허공 　뭇 중생 이롭게 법계에 충만하네
雨寶益生滿虛空

중생수기득이익 각자의 그릇 따라 이익을 얻는다네
衆生隨器得利益

시고행자환본제 수행자 이 도리를 깨닫고자 한다면
是故行者還本際

파식망상필부득 망상심 쉬지 않고 어찌 이루리
叵息妄想必不得

무연선교착여의 지혜 밝혀 여의주 잡아 쥐면
無緣善巧捉如意

귀가수분득자량 영원한 고향 길에 노자를 얻는 걸세
歸家隨分得資糧

이다라니무진보 고향에 돌아온 후 다라니 보배로써
以陀羅尼無盡寶

장엄법계실보전 법계를 장엄하고 보배궁 세우고서
莊嚴法界實寶殿

궁좌실제중도상　　중도의 사자좌에 고요히 앉았으니
窮 坐 實 際 中 道 床

구래부동명위불　　본래부터 거룩한 부처님이라네
舊 來 不 動 名 爲 佛

참 고 문 헌

1. 원전류

60『화엄경』(『대정장』9권)

80『화엄경』(『대정장』10권)

40『화엄경』(『대정장』10권)

『신화엄경론』(『대정장』36권)

『화엄경소』(『대정장』35권)

『연희초』(『대정장』36권)

『화엄경보현행원품소』(『속장경』1~7~3책)

『보현행원품별행소초』(『속장경』1~7~5책)

2. 저서

『中國華嚴思想史の硏究』카마다시게오, 東京大學出版會, 1965

『화엄철학』카르마 C·C 츠앙 저, 이찬수 역, 경서원, 1990

『화엄경 이야기』카마다 시게오 저, 장휘옥 역, 장승, 1992

『初期中國華嚴思想の硏究』키무라 키요시타, 春秋社, 1997

『화엄의 세계』전해주, 민족사, 1998

『화엄을 읽는다』키무라 키요타카 저. 김천학·김경남 역, 불교시대사, 2002

3. 논문

「李通玄の根本思想 --眞法界思想形成のとその思想史的意義-」코지마 다이잔, 『印佛硏究』32-2, 1983

「五臺山系華嚴思想の特質と展開」코지마 다이잔, 『華嚴學硏究』3, 1991

「화엄학연구자료집」정엄, 『일본의 인도철학·불교학 연구 -그 역사와 현황-』, 1996

「현대중국불교현황 -교학체계 및 수행체계」정엄, 『세계승가공동체 교학체계와 수행체계』, 1997

「澄觀法界解釋 -三大說を中心に-」정엄, 『南都佛敎』, 2000

「징관의 해인삼매관」정엄, 『대각사상』제4호, 2001

「징관의 선종관」정엄, 『불교학연구』제3호, 2001

「四法界說의 성립과 『법계관문』」정엄, 『한국불교학』제30집, 2001

「징관의 전기 및 화엄학계에 대하여」정엄, 『정토학연구』제5집, 2002

「징관이 신십현문을 채택한 이유」정엄, 『정토학연구』제8집, 2005

「징관의 화엄법계관 -법계 이해의 세 가지 유형-」정엄, 『불교학연구』제12집, 2005